말해서는 안되는
너무 잔혹한 진실

말해서는 안되는 너무 잔혹한 진실

다치바나 아키라 지음

박선영 옮김

레드스톤

미리 말해두지만 이 책의 내용은 상당히 불쾌하다. 그러니 기분 좋게 하루를 마치고 싶다면 읽지 않는 편이 좋다.

그렇다면 왜 이런 책을 썼는가?

이유는 세상에 필요하기 때문이다.

TV나 신문, 잡지에는 듣기 좋은 말이 차고 넘친다. 정치가와 평론가는 '좋은 이야기'와 '알기 쉬운 이야기'밖에 하지 않는다. 세상에 그렇게 기분 좋은 일만 있다면 왜 이렇게 화난 사람들이 많겠는가? 인터넷 뉴스의 댓글은 이런저런 이유로 저주를 퍼붓는 말들이 즐비하다.

세상은 원래 잔혹하고 부조리한 곳이다. 그 이유를 이제는 단 한 마디로 설명할 수 있다.

"사람은 행복하려고 살지만 행복해지도록 디자인되지는 않았다."

우리를 디자인한 이는 누구인가? 사람들은 지금까지 그 존재를 신이라고 불렀다. 하지만 다윈이 등장해서 신의 진짜 이름을 알려주었다. 그것은 바로 '진화'다.

다윈의 '위험한 사상'은 100년이 지나도록 이해받지 못했다. 1930년대가 되어서야 비로소 멘델의 유전학이 재평가를 받고 진화의 시스템을 불완전하게나마 설명할 수 있게 되었다. 하지만 불행하게도 나치스에 잘못 이용되는 바람에 유대인과 집시, 정신병자를 유전적으로 열등한 인종으로 치부하고 그들의 멸종을 정당화하는 우생학으로 전락해버렸다. 참혹한 전쟁이 끝나자 '진화론은 자연과 생물의 불가사의를 탐구하는 학문이지 지성을 지닌 인간을 대상으로 할 수 없다'는 인간 중심주의(휴머니즘)가 정치적으로 올바른 태도로 인식되었다.

하지만 1950년대 왓슨과 클릭이 DNA의 이중나선을 발견하고 생명의 신비를 풀어낼 열쇠를 손에 넣자 다윈의 진화론은 크게 발전했다. 동물행동학은 침팬지 같은 영장류의 관찰을 통해 인간 생태의 많은 부분이 동물과 같으며, 우리 인간이 더는 특별한 종이 아니라는 사실을 설득력 있게 제시했다. 그리고 진화생물학과 진화심리학이 탄생했다.

현대 진화론은 다음과 같이 주장한다.

"사람의 몸뿐 아니라 마음도 진화에 의해 디자인되었다."

그들의 주장이 옳다면 우리가 느끼는 기쁨과 슬픔, 애정과 미움은 물론 세상만사를 진화의 시스템 속에서 이해할 수 있게 된다. 현대 진화론은 컴퓨터와 같은 기술의 급속한 발달에 힘입어 분자유전학, 뇌과학, 게임이론, 복잡계 등의 새로운 지(知)와 융합하면서 인문과학과 사회과학을 근본부터 재정립하는 중이다.

이상은 필자 개인의 주장이 아니라 이 분야 전문가라면 상식적인 이야기다. 그런데 우리 주변에서는 무슨 이유인지 이런 당연한 사실을 대중에게 설명해주는 사람이 거의 없고, 있다고 해도 묵살되기 일쑤다. 현대 진화론은 인간의 양식을 짓밟고 감정을 상하게 하는, 무척 기분 나쁜 학문이기 때문이다.

고대 사회에서 불행한 소식을 전한 사자(使者)는 참수당했다. 지금도 마찬가지다. 집단을 상대로 불편한 진실을 말하는 자는 경원시되고 배척당한다. 다들 보고 싶은 것만 보고 기분 좋은 이야기만 들으려 하니 지식인들, 현명한 이들이 모른 척하는 것도 어쩌면 사회인으로서 올바른 처세일 것이다.

하지만 '말하면 안 된다'고 생각하는 아주 잔혹한 진실이야말로 세상을 더 나은 곳으로 만들기 위해 필요하다. 불쾌하기 짝이 없는 이 책을 마지막까지 읽는다면 그 사실을 확인할 수 있다.

참고로 이 책의 내용은 모두 근거가 있다. 더 자세한 내용을 알고 싶다면 참고문헌을 이용해주기 바란다. 본문에서 설명이 충분하지 못한 부분은 각 장마다 칼럼으로 보충했다. 번거롭다면 본문만 먼저 읽어도 충분하다.

II 아주 잔인한 '미모 격차'

육아와 교육은 아이의 성장과 관계없다

I

노력은 유전을 이길 수 있는가?

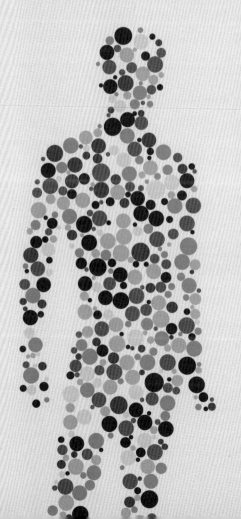

아무도 말하지 않는
유전의 금기

자식은 부모의 외모와 성격을 물려받는다. 엄마 아빠가 키가 크면 아이들도 대개 크고 성미 급한 아이를 보면 '아빠를 쏙 빼닮았다'는 말이 자연스럽게 들린다.

반면 '개천에서 용 난다'는 속담처럼 종종 부모와는 조금 다른 형질을 지닌 아이가 태어나기도 한다. 다르다고 해도 일정 범위를 벗어나지는 않으므로, 만일 외모부터 성격까지 어느 하나 닮은 구석이 없다면 진짜 핏줄인지 의심스러울 것이다.

우리는 누구나 유전에 관해 이 정도 상식은 가지고 있다. 그런데한 발 더 깊이 들어가 생각해본 적이 있을까?

자식은 부모를 선택할 수 없으니 타고난 천성과 능력으로 어떻게

든 살아가야 한다. 지극히 정상적인 인생관이지만 지금 이 상식이 흔들리고 있다. 유전을 둘러싼 자연과학의 급속한 진보가 이제껏 상상할 수 없었던 난제를 우리에게 던지고 있기 때문이다.

⚘ 바보는 유전되는가?

유전에 관한 다음 문장을 읽어보자.

① 마른 부모에게서 마른 아이가 태어난다.
② 뚱뚱한 부모에게서 뚱뚱한 아이가 태어난다.

둘 다 체형이 유전의 영향을 받는다는 이야기다. 그런데 첫 번째 와 달리 두 번째 문장은 조금 불편할 수 있다. 다음 문장을 보면 이 유를 확실히 알 수 있다.

③ 부모가 명랑한 성격이면 아이도 밝은 성격으로 자란다.
④ 부모가 우울한 성격이면 아이도 어두운 성격으로 자란다.

마찬가지로 모두 성격과 유전에 관한 설명이지만 느낌은 전혀 다르다. 하지만 성격은 유전된다는 사실을 상반된 예로 설명했을 뿐이다.

이처럼 같은 내용이 표현에 따라 다르게 느껴지는 이유는 우리 사회에 암묵적인 규범이 존재하기 때문이다.

'날씬한 여성은 아름답다'는 '뚱뚱한 여성은 보기 흉하다'는 뜻을 감추고 있는 것이다. '아이는 밝고 건강해야 한다'는 '침울하고 쇠약한 아이는 문제가 있다'는 이야기다.

게다가 우리는 암묵적으로 규범의 일탈(뚱뚱한 여성이나 우울한 아이)을 유전의 탓으로 돌려서는 안 된다고 생각한다. 체형과 성격이 유전의 영향을 받지만, 본인의 노력과 부모가 제공하는 환경을 통해 극복할 수 있다고 믿기 때문이다.

"모든 것이 유전으로 결정된다면 개인이 노력해봐야 소용이 없다. 그렇다면 애쓰는 사람들이 가엾지 않은가." 이 논리에 많은 사람들이 동의할 것이다. 하지만 곰곰이 생각해보면 꽤나 잔인한 이야기다.

뚱뚱한 여성에게는 살을 빼야 한다는 사회적 압력이, 성격이 어두운 아이에게는 명랑해야 한다는 교육적 압력이 가해지기 때문이다. 그들은 또 풍요로운 사회와 혜택 받은 환경 속에서 살아가므로, 자신의 실패를 다른 무언가의 탓으로 돌려서도 안 된다. 가족과 친구, 학교 선생님과 회사 동료들이 선의로 베푸는 격려라도 아무리 노력해도 날씬해질 수 없는 여성이나 명랑한 성격으로 바뀌지 않는 아이에게 오히려 깊은 상처만 줄 뿐이다.

유전 이야기는 잠시 미루고 생각 실험을 계속해보자.

① 운동선수의 자녀는 운동을 잘한다.
② 음악가의 자녀는 노래를 잘한다.
③ 대학교수의 자녀는 머리가 좋다.

체형이나 성격처럼 재능도 유전된다는 사실을 잘 알고 있으므로 별다른 거부감이 없을 것이다. 하지만 같은 내용을 다음과 같이 설명하면 차이는 확연해진다.

④ 아이가 거꾸로 매달리기를 못하는 이유는 부모가 운동신경이 나쁘기 때문이다.
⑤ 아이가 노래를 잘하지 못하는 이유는 부모가 음치이기 때문이다.
⑥ 아이의 성적이 좋지 않은 이유는 부모가 머리가 나쁘기 때문이다.

④와 ⑤ 정도야 웃어넘길 수 있다고 해도 ⑥은 좀 다르다. 이런

사실을 대놓고 말해서는 안 된다고 생각한다. 그러나 운동신경과 음악적 재능처럼 지능도 유전된다면(그렇기 때문에 대학교수의 아이는 머리가 좋다면), 그 사실을 다른 방식으로 표현하지 못하는 것은 이상하다. 이미 눈치챘겠지만 여기서도 암묵적이고 강력한 사회 규범이 작용한다. 거꾸로 매달리기를 못하거나 노래를 못 부르는 정도는 사회적으로 크게 중요하지 않으므로 개성으로 보아 넘길 수 있다. 하지만 성적(지능)은 다르다. 아이의 장래와 인격 평가에 직결되는 요소이므로 어떻게든 노력해서 향상시키지 않으면 안 된다.

학교 교육은 모든 아이가 좋은 성적을 얻기 위해 노력해야 한다고 강요한다. 그러나 만일 지능이 유전된다면, 즉 바보 부모에게서 바보 아이가 태어난다면 아이는 노력해도 소용이 없고 교육 자체도 성립할 수 없다. 바로 그 때문에 자연과학의 연구 성과와 상관없이 '부정적인 지능은 유전되지 않는다'는 이데올로기가 필요해진다.

지능은 IQ로 수치화할 수 있다. 따라서 일란성 쌍생아와 이란성 쌍생아를 비교하거나, 입양된 일란성 쌍생아를 추적 조사하면 지능의 유전율을 꽤 정확히 추정할 수 있다. 이처럼 행동과 발달의 개인차를 유전과 환경 요인의 결합으로 설명하려는 학문을 행동유전학이라고 하는데, 결론부터 말하자면 논리적 추론능력의 유전율은 68%, 일반지능의 유전율은 77%이다. 이것은 지능 격차의 7~8할을 유전으로 설명할 수 있다는 의미다.[1]

아무리 연습해도 거꾸로 매달리기를 못하는 아이가 있고, 훈련으로 음치를 교정할 수 없는 경우도 있다. 마찬가지로 아무리 애써도 공부를 못하는 아이도 있다. 하지만 현재의 학교 교육은 그런 아이의 존재를 인정하지 않는다. 등교 거부와 학급 붕괴 현상이 급속도로 증가하는 현상은 어찌 보면 당연한 결과다.

♣ 의존증과 정신병은 유전되는가?

암이나 당뇨 같은 질병이 유전적 영향이 크다는 사실은 잘 알려져 있다. 체형이나 성격, 능력처럼 체질 또한 유전되기 때문이다. 이 정도는 대부분 의학적 성과로 받아들이며 그 때문에 유전자 치료의 발전에 많은 기대를 걸고 있다.

질병에는 신체적 질환 외에 마음의 병, 즉 정신 질환도 있다. 다음 문장은 어떻게 생각되는가?

① 알코올 의존증은 유전된다.
② 정신병은 유전된다.
③ 범죄는 유전된다.

①에서 ③으로 갈수록 사회적 금기가 높아진다는 사실을 알 수 있다. 특히 ③은 일반적으로 접하기 힘든 주장이지만, 범죄와 유전의 관계는 정신의학 전문서에서 자주 언급된다.

1960년대부터 행동유전학자들은 의존증(알코올 의존증), 조현병(정신분열증), 반사회적 인격 장애(범죄)와 유전이 어떤 관련이 있는지 연구하기 시작했다. 그 결과 정신 질환, 즉 사람 마음의 부정적인 측면에도 유전이 강력한 영향을 미친다는 사실이 거듭 확인되었다.

도대체 이런 기분 나쁜 연구가 왜 필요한가? 다음 설명을 들으면 납득할 수 있다.

의존증에 걸리지 않는 가장 효과적인 방법은 처음부터 알코올이나 약물에 손을 대지 않는 것이다. 만일 의존증이 유전된다면 자녀에게 본인의 유전적 취약성, 즉 알코올 의존증에 빠지기 쉽다는 사실을 미리 알려줄 수 있다.

알코올에 의존하는 사람은 술에 대한 내성이 강해서 '이 정도는 괜찮다'며 반복적으로 많은 양의 술을 마시다가 결국 술 없이는 일상생활을 할 수 없을 지경이 된다. 알코올에 의존하는 전형적인 패턴이다.

대학생이 되면 술을 접하거나 권유받는 기회가 늘지만 그때 올바른 지식을 가지고 있다면 '자신은 유전적으로 알코올이 위험하다'고 설명하고 단호히 거절할 수 있다. 또한 사회가 의존증과 유전의 관련성을 인식하고 있다면, 유전적으로 취약한 친구나 부하 사원에게 무리하게 술을 권하는 일은 없을 것이다. 술이나 약물에 접촉할 기회가 차단되면 의존증에 빠질 일이 없으므로 그런 환경을 사회가 마련해주면 된다.

의존증의 유전까지는 그나마 받아들일 수 있지만 조현병 같은 정신 질환의 유전은 아무래도 거부감이 강하다. 그 이유는 유전이 정신 질환자에 대한 차별을 정당화하는 수단으로 이용된 불행한 역사 때문이다. 나치스가 내세운 우생학은 유대인과 집시, 정신 질환자는 유전적으로 결함이 있는 인종이므로 절멸해야 한다고 주장했다.

이런 우생학에 대한 비판은 정당하지만 다음과 같은 경우도 생각해보자.

인터넷 사이트에 '정신 질환은 유전되나요?'라는 질문이 올라왔다. 그러자 익명의 답변자가 '정신병과 유전의 관계는 아직 증명되지 않았다'거나 '정신병의 원인은 유전보다 스트레스 혹은 인격 형성기의 체험'이라는 글을 남긴다. 소아과 의사가 자신의 홈페이지에 '정신병은 유전되지 않으니 안심하고 자녀를 출산하세요'라고 쓴 경우도 있었다.

남편 혹은 아내가 정신 질환을 앓고 있어서 자녀 출산을 고민하는 부부가 지푸라기라도 잡는 심정으로 인터넷을 검색하면 거의 틀림없이 '정신병은 유전되지 않는다'고 단언하는 전문가의 글을 발견한다. 그 글을 읽은 부부는 안심하고 임신을 기뻐할지도 모른다.

　물론 좋은 이야기다. 하지만 익명의 답변자나 선의의 의사는 그후 부부의 인생에 일어날 사건에 대해 어떤 책임도 지려 하지 않을 것이다.

　결론부터 말하자면 각종 연구를 종합해서 추산된 조현병(정신분열증)의 유전율은 80%가 넘는다. 이는 쌍극성 장애(조울증)와 어깨를 나란히 할 정도로 높은 수치다. 조현병이 82%, 쌍극성 장애가 83%에 달할 정도로 높다.[2] 유전율 80%란 물론 '10명 중 8명의 아이가 병에 걸린다'는 뜻은 아니다. 하지만 키의 유전율이 66%, 몸무게의 유전율이 74%라는 점을 감안하면[3] 얼마나 높은 수치인지 짐작할 수 있다. 부모가 조현병 환자라면, 키 큰 부모에게서 장신의 아이가 태어나는 것보다 훨씬 더 높은 확률로 아이도 같은 질병에 걸리는 것이다.

　우리는 이 엄연한 과학적 지식을 어떻게 받아들이면 좋을까. 내가 하고 싶은 말은 단순하다.

　부부는 이 사실을 알고 출산을 포기할 수도, 아니면 그래도 아이를 원할지도 모른다. 부부와 아이의 인생은 그들의 것이므로 어떤선택이 옳은지는 아무도 말할 수 없다. 다만 그들의 결정은 순진한희망이 아니라 올바른 지식을 근거로 내려져야 한다.

만일 정신 질환과 유전의 관계가 사회적으로 널리 알려져 있다면 부부의 가족이나 친구들이 그들에게 조언을 하거나 실질적인 도움을 줄 수 있다. 그 편이 인터넷의 익명 게시판에 의존해 인생의 중대한 결단을 내리기보다야 훨씬 낫지 않은가.

우생학의 오류는 '정신 질환이 유전된다'고 주장해서가 아니다. 그 논리가 정신 질환 환자에 대한 차별과 편견을 전제로 했기 때문이다. 우리는 과학적 지식을 불편한 이데올로기라는 이유로 거부하지 않고, 오히려 정신병 예방과 치료에 적극 이용해서 사회의 편견을 없애도록 노력해야 한다.

☘ 범죄는 유전되는가?

'범죄는 유전된다'는 가설은 의존증이나 정신 질환보다 더 받아들이기 어렵다. 두말할 것 없이 이 가설은 범죄자의 자녀에 대한 차별로 직결되기 때문이다. 그러나 범죄와 유전의 관계를 인정하지 않는 사회는 때로 참혹한 결과와 마주하게 된다.

2014년 7월 26일, 일본 나가사키 현 사세호 시의 공립 고등학교에 다니는 여학생이 같은 반 여자아이를 자기 집에 부른 뒤 목 졸라 살해하고, 사체의 머리와 왼쪽 손목을 절단했다. 경찰 조사에서 여학생은 '신체 내부를 보고 싶었다', '사람을 죽여서 해부해보고 싶었다'며 범행을 인정했지만, 진술하는 내내 담담한 표정이었고 반성의 기미는 찾아볼 수 없었다고 한다.

지역의 유명 변호사를 아버지로 둔 여학생은 유복한 가정에서 자랐지만 중학교 3학년 때 어머니를 병으로 여의었다. 이후 아버지의 재혼 문제로 부녀 관계가 악화되었고, 사건 발생 약 5개월 전, 여학생은 잠든 아버지를 금속 방망이로 쳐서 두개골이 함몰되는 중상을 입혔다. 그 후 부친은 딸을 아파트에서 혼자 살도록 했는데 그곳이 범행의 무대가 되었다.

근대 형법은 범죄를 당사자 본인의 책임으로 보고 가족과 공동체에 대한 연대 책임을 금지한다. 정신 장애 등으로 인해 자기 책임을 묻지 못하는 경우는 죄를 면책하고 교도소 대신 정신병원에 수용한다.

하지만 이런 죄와 벌의 규칙은 종종 미성년자의 흉악 범죄를 둘러싸고 논란을 부른다.

범죄자에게 뇌의 기질적, 정신적 이상이 인정되지 않는다면 흉악한 범죄를 일으키는 원인은 모두 환경에 있다는 말이 된다. 범인이 성인이라면 본인 의사로 환경을 선택했다고 할 수 있지만 미성년자는 책임능력을 물을 수 없으므로 부모가 책임을 질 수밖에 없다. 이 논리대로라면 부모가 아이에게 제공한 환경, 즉 양육이 범죄를 일으키는 것이다.

실제 일본에서는 사건 발생 후 많은 '식자'들이 어머니가 죽은 뒤 아버지가 젊은 여성과 교제하고 재혼 이야기를 진행한 것을 사건의 원인으로 꼽았다. 가족과 떨어져 딸아이 혼자 살게 한 아버지의 책임을 언급하기도 했다.

여학생은 학교 성적은 뛰어났지만 초등학생 때부터 고양이를 해부하거나 학교 급식에 이물질을 넣는 등 이상 행동을 보였다. 사건 후 여학생은 '중학생 때부터 사람을 죽이고 싶은 욕구가 있었다'고 진술했다. 어머니와의 사별을 계기로 사이가 나빠졌다고는 하지만, 잠든 아버지를 금속 방망이로 내리친 행위도 상식을 한참 벗어난 것이다.

부인이 죽은 뒤 다른 여성과 교제하는 것은 범죄가 아니며, 속사정을 알지 못하는 외부 인사들이 도덕적으로 단죄할 사항도 아니다. 하지만 부모의 양육에서 범죄의 원인을 찾는 사람들은 아버지에게 재혼을 서두를 것이 아니라 딸과 함께 살면서 깊은 애정을 가지고 보살폈다면 이런 사건을 저지르지는 않았을 거라며 비난을 가했다. 하지만 이 정도로 비정상적인 자식을 두고 부모인들 무엇을 할 수 있었겠는가?

언론이 부모의 책임을 따지는 이유는 아이의 인권을 배려해서가 아니다. 경악할 사건이 일어나면 사람들은 무의식적으로 인과관계를 찾아 그 원인을 제거하고 싶어 한다. 비정상적인 범죄가 아무 이유 없이 발생하는 불안을 견딜 수 없기 때문이다. 그래서 아이(미성년자)가 면책되면 부모가 대신 희생양이 되어야 하는 것이다.

현대 정신의학에서 범죄를 유발하는 정신 장애는 반사회적 인격 장애로 불린다. 하지만 어느 사회에나 교활하고 잔인한 인간은 일정 수 존재하며 그들을 안이하게 치료가 필요한 '환자'로 볼 수는 없다. 형법에서 책임능력을 물을 수 없는 장애의 경계가 모호해지기 때문이다. 하지만 누가 봐도 비정상적인 인간은 분명히 존재한다.

영국에서는 1994년부터 3년 동안 태어난 5000쌍의 쌍둥이들을 대상으로 반사회적 경향의 유전율 조사를 시행했다. 그 결과에 따르면 '냉담하고 무감정한' 성격을 지닌 아이의 유전율은 30%이고 나머지 70%는 환경의 영향으로 판명되었다. 이 환경에는 당연히 부모의 양육이 포함되므로 상식적인 결과라고 할 수 있다.

이어서 연구자들은 교사들이 교정 불능이라고 평가한, 높은 수준의 반사회성을 지닌 아이들만을 추출했다. 그 결과는 충격적이었다.

범죄 심리학에서 사이코패스로 분류할 만한 아이의 유전율은 81%였고 환경의 영향은 20%에 불과했다. 게다가 그 환경이란 부모의 양육이 아니라 친구 관계 같은 '비공유 환경'의 영향이었다.[4]

이 연구 결과가 맞다면 아이의 극단적인 이상 행동에 대해 부모가 할 수 있는 일은 거의 없다. 부모의 책임은 우연히 해당 유전자가 자신에게 있었고 그것을 아이에게 물려주었다는 것뿐이다.

　사건 발생 2개월 후인 10월 5일, 여학생의 아버지는 자택에서 목을 매고 자살했다.

유전율

유전에 관한 전문적인 설명은 이 책이 감당할 수 있는 범위를 넘어서지만 오해하기 쉬운 유전율에 대해서는 간단히 설명해두고 싶다.

세상에는 키가 큰 사람도 작은 사람도 있다. 일본인의 평균 키는 남성이 167㎝, 여성이 154㎝인데 평균보다 크거나 작으면 해당하는 사람 숫자가 줄어든다. 키가 190㎝ 이상인 남성은 0.06%에 불과하다. 이처럼 평균을 중심으로 대칭을 이루는 분포를 정규 분포, 소위 벨 커브(Bell curve)라고 하는데 평균에서 멀어지는 극단적인 경우일수록 발생하기 어렵다.

누구나 알고 있듯 키의 요인에는 유전과 환경이 있다. 부모 모두 키가 커도 유아기의 영양 상태가 나쁘면 아이는 충분히 자라지 못한다. 그렇다면 유전 혹은 환경의 영향은 어느 정도일까?

이를 조사한 것이 유전율이다. '키의 유전율은 66%'라는 말은 키의 분포 중 66%는 유전, 나머지 34%는 환경으로 설명할 수 있다는 이야기다.

흔한 오해는 유전율을 개개의 확률로 잘못 생각하는 것이다. 키의 유전율 66%란 '키 큰 부모에게서 66%의 확률로 키 큰 아이가 태어나고, 34%의 확률로 키 작은 아이가 태어난다'는 말이 아니다. 수정은 DNA의 무작위 조합이므로 부모의 유전적 특성에서 어떤 아이가 태어날지 미리 알 수는 없다. 하지만 유전율이 높을수록 유전적 요인이 크게 작용한다는 것은 틀리지 않다.

유전의 영향은 요리할 때 설탕의 기능을 생각하면 이해하기 쉽다. 조리법마다 요리 맛은 다양하지만 설탕을 많이 넣으면 어떤 요리든 단맛이 강해진다. 마찬가지로 인간의 신체적 특징과 행동, 성격, 지능 등은 다양하게 분포하지만 유전율이 높을수록 환경의 영향은 약화되고 유전의 영향이 강하게 나타난다.[5]

흥미로운 것은 몸무게의 유전율은 74%로 키보다 높다는 사실이다. 날씬한 몸매를 미덕으로 여기는 사회에서 흔히 뚱뚱한 이유는 다이어트에 실패했거나 노력이 부족한 탓이라고 생각하지만 몸무게의 높은 유전율을 고려하면 '다이어트에 성공할 수 있는 이는 유전적으로 마른 사람뿐'일 가능성이 더 높을 듯하다.

유전과 환경에 대한 자세한 설명은 11장을 참조하기 바란다.

유전과 범죄

미국의 신경범죄학자 에이드리언 레인이 남부 캘리포니아의 초등학교에 다니는 9살 난 쌍둥이 605쌍(합계 1210명)을 조사한 결과, 교사가 문제 행동이 있다고 평가한 경우의 유전율, 즉 쌍둥이들이 서로 비슷한 문제 행동을 보인 확률이 40%였다. 부모가 평가한 경우는 47%, 본인 스스로 평가했을 때도 50%로 큰 차이가 없었다.

이는 '아이가 문제 행동을 일으키는 원인의 절반은 유전, 나머지는 환경의 영향'이라는 타당한 결론으로 보인다.

레인은 다시 교사, 부모, 학생 모두가 '반사회적'이라고 평가한 아이들만을 추출해보았다. 본인을 포함해 누가 보아도 폭력적이고 비정상적인 아이의 반사회적 행동은 유전율 96%라는 놀라운 수치가 제시되었다. 이는 앞서 설명한 영국의 조사 결과와 맞아떨어진다.

그래도 여전히 '쌍둥이가 많이 닮았다고 해서 환경의 영향을 부정할 수는 없다'고 반론할 수 있다. 유전적으로 비슷한 아이들은 동일한 환경을 선택할 수 있기 때문이다.

그래서 레인은 태어나자마자 입양되어 따로따로 자란 일란성 쌍생아 연구를 조사했다. 조건에 맞는 표본수가 많지 않았지만 한쪽이 범죄자이고 헤어져 자란 일란성 쌍생아 8쌍을 조사한 결과, 절반에 해당하는 4쌍이 나머지 한쪽도 1건 이상의 범죄 경력이 있었다.

생후 9개월 무렵 각기 다른 가정에 입양된 멕시코의 일란성 여자 쌍생아 사례는 유전의 영향력을 뚜렷이 보여준다. 한쪽은 도시, 다른 한쪽은 사막 지대에 살았고 양부모의 성격도 가정 환경도 전혀 달랐지만 두 아이 모두 사춘기에 접어들자 가출해서 거리를 배회하다 비행을 저지르고 몇 차례나 수감되었다.[6]

범죄에 미치는 유전과 환경의 영향을 알아보려면 입양된 범죄자의 자녀가 어떤 인생을 살아가는지 살펴보는 것도 유익하다. 이 분야의 연구도 많이 이루어졌는데 1984년 심리학자 사노프 메드닉[7]이 약 1만 5000명의 남자 입양아를 대상으로 한 덴마크의 대규모 조사가 유명하다.

조사 결과, 친부모와 양부모 모두 범죄력이 없는데 아들이 유죄 판결을 받은 비율은 13.5%였다. 양부모는 범죄력이 있고 친부모가 없는 (유전적 영향이 없는) 경우는 14.7%로 별 차이가 없었다. 그런데 양부모는 범죄력이 없고 친부모가 유죄 판결을 받은(유전적 영향이 있는) 경우 아들이 범죄를 저지른 비율은 20%로 뛰어올랐다.

그뿐 아니라 유죄 판결을 받은 아들의 비율은 친부모의 범죄 건수와 비례해서 높아졌다(그림 1-1). 상습범죄자의 자녀는 전체 조사 인원의 1%에 지나지 않았지만 유죄 선고의 30%와 관련이 있었다.[8]

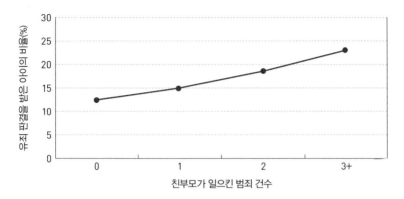

【그림 1-1】 친부모의 범죄 건수가 증가하면 입양된 아이가 유죄 판결을 받는 경우도 늘어난다.

＊에이드리언 레인 《폭력의 해부》를 바탕으로 작성

　　에이드리언 레인은 모두 100건이 넘는 반사회적 행동과 유전 연구를 살펴보았다. 조사 대상은 생후 17개월부터 70살까지 광범위했고, 시기는 세계 대공황(1930년 무렵)부터 현대에 이른다. 조사 지역도 호주, 네덜란드, 노르웨이, 스웨덴, 영국, 미국 등지로 다양했고 쌍둥이, 입양아, 형제자매 모두를 대상으로 조사했지만, 폭력 범죄의 유전적 영향은 뚜렷이 나타났다.

인종 간에 지능의 격차는 없는가
-지능에 관한 금기

♣ 부모의 수입과 자녀 학력의 관계

2007년 10월, DNA의 이중나선 구조를 발견하고 노벨생리의학상을 수상한 분자생물학자 제임스 왓슨의 발언이 영국의 《선데이 타임즈 매거진》1면에 실렸다. 왓슨은 '아프리카의 장래는 아주 비관적'이라면서 사회 정책은 모두 아프리카인의 지능이 우리와 같다는 전제를 바탕으로 하지만 모든 연구에서 그 사실이 증명된 것은 아니다, 흑인 노동자와 함께 일하는 고용주들은 그 사실을 알고 있다고 말했다.

이 발언으로 왓슨은 엄청난 비난에 휩싸였고 명성은 땅에 떨어졌다. 하지만 서구의 아프리카 원조 관계자들 사이에서 '우리끼리 이야기지만' 하고 왓슨에 동조하는 사람이 많다는 것은 공공연한 비밀이다. 왓슨의 발언이 논란이 된 이유는 모두가 은밀히 생각하던 사실을 당당히 입 밖에 내어 말했기 때문이다.

인종과 지능에 관해서는 지금도 격렬한 논쟁이 되풀이되고 있다. 이 지극히 정치적인 주제는 다음 3가지 요소를 포함한다.

① 지능이란 무엇인가. 애당초 지능은 측정할 수 있는 것인가.
② 지능을 결정하는 요인은 유전인가 아니면 환경인가.
③ 지능이 유전한다면 인종적 차이는 있는가.

진보주의자들은 이 순서대로 인종과 지능의 관계를 부정하고자 했다.

'지능은 애당초 측정 불가능하다'는 가장 원리적인 비판이다. 그들의 주장대로 '모든 사람이 제각기 개성적으로 머리가 좋다'면 지능의 차이를 언급하는 자체가 의미 없다. 하지만 이 아름다운 진실은 '사람의 현명함에는 차이가 있다'는 상식에 반하며, 학교에서 성적순으로 아이들의 등급을 매기는 현실과도 모순된다. 심리학은 IQ가 지능의 근사치로서 타당하다는 사실을 거듭 제시해왔다.

지능을 IQ로 수치화할 수 있다면 그것은 무엇으로 결정되는가?

인간의 마음은 '빈 서판'[9]이라는 것이 진보주의자들의 입장이다. 그들은 사람은 누구나 평등하게 태어나지만 환경에 따라 지능의 차이가 생긴다고 여긴다. 일반적으로 부모의 수입이 높으면 아이의 학력도 높다(가난한 가정의 아이는 좋은 교육을 받을 수 없다)고 주장하는데 이는 전형적인 환경결정론이다.

그런데 행동유전학의 쌍생아 연구로 인해 '지능은 오로지 환경에 의해서만 결정된다'는 가설은 철저히 부정되었다. 언어 지능은 가정 환경의 영향을 크게 받지만, 그것을 제외하면 일반 지능의 8할, 논리추론능력의 7할을 유전으로 설명할 수 있는 등 인지 능력에 대한 유전의 영향은 상당히 강력하다.

'상관관계가 있다고 반드시 인과관계가 성립하지는 않는다'는 것은 통계학의 기본 논리다. 아이스크림 매출과 익사자의 숫자를 조사하면 모두 계절에 따라 동일하게 증감한다. 하지만 이 상관관계에서 '아이스크림이 익사의 원인'이라는 인과관계를 도출하는 사람은 없다. 아이스크림이 잘 팔리는 것도 여름철이고 바다와 수영장에서 익사 사고가 발생하는 것도 대부분 여름이다. 여름철 더위라는 공통의 원인으로 인해 아이스크림과 익사자의 상관관계가 발생할 뿐이다.

사실 부모의 수입과 자녀의 학력도 이와 같은 거짓 관계(Spurious relationship)라고 할 수 있다. 지능이 유전한다는 사실을 받아들인다면 '지능이 높은 부모는 사회적으로 성공해서 높은 수입을 얻으며, 동시에 유전을 통해 자녀도 고학력이 된다'는 인과관계로 명쾌하게 설명할 수 있기 때문이다.

⚘ 인종과 지능에 관한 금기

지능이 유전의 강력한 영향을 받는다는 사실이 전문가들 사이에서 인정되면, 진보주의자의 마지막 보루는 '유전에 의해 개인의 지능이 차이가 난다고 해도 인종과 지능은 무관하다'는 주장이 된다.

1964년 미국에서 흑인차별을 금지한 공민권법(Civil Rights Act)이 성립하자 린든 존슨이 이끄는 민주당 정권은 '위대한 사회'를 내걸며 빈곤과의 전쟁에 나섰다. 그 중심에 놓인 것이 '헤드 스타트(Head Start)', 즉 빈곤 가정의 취학 전 아동을 위한 교육 지원 프로그램이다. 경제적 여건 때문에 조기 교육을 받지 못하는 3~4세 아동에게 다양한 교육을 지원하는 이 제도에 우주 계획 다음으로 거액의 연방 예산이 투입되었다.

'모든 아이가 부모의 소득과 관계없이 평등하게 인생의 출발선에 서야 한다'는 이념에 반대할 사람은 없다. 문제는 이 헤드 스타트 프로그램이 뚜렷한 성과를 보이지 못한다는 사실이다. 유아 교육은 물론 아이의 학력을 향상시키지만 그 효과는 취학 후 1년이 지나면 사라져버리기 때문이다.

1969년, 미국의 교육심리학자 아서 젠슨(Arthur Jensen)은 《하버드 교육평론》지에 〈우리는 IQ와 학교 성적을 얼마나 증진시킬 수 있을까〉라는 논문을 발표했다.[10]

젠슨은 지능을 기억력(수준1)과 개념 이해(수준2)로 나누고 수준 1의 지능은 모든 인종이 공유하지만, 수준2의 지능은 백인과 아시아계가 흑인이나 멕시코계(히스패닉)에 비해 통계적으로 유의미하게 높다고 주장했다. 그리고 헤드 스타트 프로그램의 효과가 기대에 미치지 못하는 이유는 지능의 유전 규정성이 80%나 되는 높은 수준이기 때문이라고 설명했다.

이 주장은 '흑인 아이는 유전적으로 지능이 낮아 유아 교육에 큰 의미가 없다'는 식으로 받아들여져 미국 전역을 분노의 도가니로 몰아넣었다. 젠슨은 즉시 인종 차별주의자로 낙인 찍혔고 대학교 연구실에는 시위대가 들이닥쳐 생명의 위협을 느낄 정도로 비난에 시달렸다.

젠슨은 왜 신변의 위험을 감수하면서까지 이런 위험한 주제를 다루었을까? 또 엄청난 비난에도 불구하고 어떻게 명문대 교수직을 유지할 수 있었을까? 그 이유는 젠슨의 배후에 강력한 지지자들이 있은 덕분이다.

미국의 건국 이념은 서부 개척 시대에 길러진 '자조자립'이다. 정부는 시민들의 생활에 필요 최소한으로만 관여하고, 시민은 세금의 용도를 엄격하게 감시할 의무가 있다. 이러한 시민주의 입장에서 막대한 세금이 쓰이는 헤드 스타트 프로그램이 예상대로 효과를 발휘하는지 여부는 중대한 정치적 관심사다.

젠슨의 지지자들은 헤드 스타트 프로그램이 빈곤층 자녀를 위해서가 아니라, 세금을 노리는 교육관계자들의 거대한 이권 사업으로 변질되었다고 비판했다. 그 효과를 과학적으로 검증할 수 없음에도 매년 막대한 연방 예산을 투입하는 이유는 교육 기득권층의 이익을 세금으로 보장하기 위해서라는 것이다.

물론 이들의 주장은 '교묘하게 위장한 인종 차별'이라고 비판할 수 있다. 젠슨을 지지한 사람들은 대부분 백인이었고 그들은 자신들이 낸 세금이 흑인과 히스패닉 아이들을 위해 쓰이는 것에 반대했기 때문이다.

그렇지만 양심에 위안이 된다는 이유로 과학적 근거도 없는 정책에 막대한 세금을 사용하도록 용인할 수는 없다. 젠슨의 연구는 비록 편협한 백인에게 흑인 차별을 정당화할 빌미를 주었을지는 모르지만, 그와 동시에 지나치게 비대해진 정부에 대한 정당한 이의제기이기도 했다.

✿ 차별 없는 평등 사회를 만들 수 없는 이유

미국 사회에 젠슨 논란에 필적할 만한 엄청난 논쟁을 부른 것은 심리학자 리처드 헌스타인과 정치학자 찰스 머레이가 1994년에 출판한 《벨 커브: 미국 사회의 지능과 계급 구조》라는 책이다.[11]

벨 커브란 평균치를 중심으로 양쪽이 대칭을 이루는 정규 분포를 그린 종 모양의 곡선이다. 키나 몸무게를 생각하면 알 수 있듯이 평균치가 가장 높고 평균에서 멀어질수록 출현 빈도가 줄어든다. 이 책에서는 평균 지능(IQ 100)을 중심으로 인간의 지능이 정규 분포한다는 사실을 설명했다.

헌스타인과 머레이는 방대한 자료를 근거로 현대 사회가 지능이 높은 계층에 지극히 유리한 시스템이라는 사실을 증명했다. 또 백인과 흑인의 IQ는 약 1 표준 편차(백인의 평균을 100으로 하면 흑인은 85)에 해당하는 차이가 나며 이것이 흑인 사회에 빈곤층이 많은 이유라고 설명했다.

책이 출판되자 저자들은 아서 젠슨처럼 인종 차별주의자로 매도되었고 엄청난 비난에 시달렸다. 그러나 그들은 백인과 흑인의 IQ에 차이가 있다는 '사실'을 제시하기는 했지만 정작 유전 관련성에 대해서는 아무 설명도 하지 않았다. 빈곤층을 위한 재분배나 사회 복지 제도에 반대하지도 않았다.

《벨 커브》는 900쪽에 달하는 두꺼운 책이지만 백인과 흑인의 지능 차이를 다룬 부분은 약 40쪽에 불과하다. 그러나 언론은 이 부분만 집중 보도해서 '흑인은 유전적으로 지능이 낮다'는 악의적인 오해를 불러일으켰고 저자들은 전혀 의도치 않은 평가를 받게 되었다. 물론 그 덕분에 베스트셀러가 되었다고도 할 수 있다.

노예 제도라는 역사적 부채를 짊어진 미국에서는 흑인과 같은 소수 민족에 대해 소수집단 우대정책(affirmative action)을 시행하고 있다. 흑인의 저학력은 오랜 차별의 역사 탓이므로 대학 입학이나 취직에서 차별을 보상할 수 있는 흑인 특별 정원의 제공이 당연시되었다.

《벨 커브》의 저자들은 동일한 IQ를 가진 백인과 흑인을 비교해서 소수집단 우대정책의 타당성을 검토했다.

예를 들어 평균적인 29세 미국인 중에 학사 학위 취득자의 비율은 백인 27%, 흑인 11%다. 이 수치만 보면 확실히 흑인에 대한 차별이 영향을 끼친 듯이 보이지만, 동일한 IQ 소유자를 비교하면 백인 50%, 흑인 68%로 상황이 역전된다. IQ가 같다면 백인보다 흑인이 학사 학위를 취득하기가 더 쉬운 것이다.

마찬가지로 평균적인 미국인이 높은 IQ를 요구하는 직업에 취직할 가능성은 백인 5%, 흑인 3%이지만, 이것을 동일한 IQ 소유자들만 놓고 비교하면 백인은 10%인데 반해 흑인은 26%나 된다. IQ가 같다면 흑인은 백인의 2배 이상으로 지적인 직업에 종사할 수 있다. 또 1989년 시점에 평균적 미국인의 연봉은 백인이 약 2만 7000달러, 흑인은 약 2만 달러이지만(흑인의 수입은 백인의 4분의 3), IQ 100인 백인과 흑인을 비교하면 양쪽 모두 약 2만 5000달러로 경제적 격차는 사라진다(그림 2-1 참조).

헌스타인과 머레이는 위의 자료들을 수집 분석한 뒤, 인종 간의 격차는 이미 사라졌으며 소수집단 우대정책은 백인이나 원래 학력

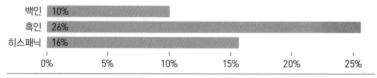

평균적 미국인이 높은 IQ를 요구하는 직업에 취직할 가능성

백인	5%
흑인	3%
히스패닉	3%

높은 IQ(117)의 미국인이 높은 IQ를 요구하는 직업에 취직할 가능성

백인	10%
흑인	26%
히스패닉	16%

0%   5%   10%   15%   20%   25%

평균적 미국인의 연봉(1989년 시점)

백인	27,372달러
흑인	20,994달러
히스패닉	23,409달러

IQ 100의 미국인을 비교한 평균 연봉

백인	25,546달러
흑인	25,001달러
히스패닉	25,159달러

【그림 2-1】 29세 미국인의 인종별 통계

＊리처드 헌스타인과 찰스 머레이의 《벨 커브》를 바탕으로 작성

이 높은 아시아계에 대한 역차별이 될 수 있다고 우려했다.

동일한 IQ에서 흑인은 백인과 평등하거나 오히려 우대받고 있다는 것이다. 흑인이 차별받는 것처럼 보이는 이유는 백인에 비해 지능이 낮은 인구 집단의 규모가 크기 때문이다. 소수집단 우대정책은 일부 흑인에게는 유리하게 작용하지만 전체 흑인의 지능을 향상시키는 데는 전혀 도움이 되지 않는다.

이러한 주장은 진보주의자에게는 도저히 용서할 수 없는 일이다. 소수집단 우대정책은 인종 차별을 해소하고 평등한 사회를 만들기 위한 근간임에도, 헌스타인과 머레이의 《벨 커브》는 통계학을 이용해 그 근거를 부정하려 들었다. 그 위험한 논리를 깨달았기 때문에 인종 차별의 낙인을 찍음으로써 논의 자체를 봉쇄하려고 든 것이었다.

♣ 지능 격차의 진짜 이유

현재까지 다양한 연구를 통해 인종 간의 지능 격차는 의심할 수 없는 사실로 인정되고 있다. 논쟁이 되는 부분은 그것이 유전적인가 아닌가 하는 점이다.

지능이 환경의 영향을 받는 증거는 방대하다. 3살 때 영양 상태가 나빴던 아이는 11살이 되었을 때 평균보다 IQ가 낮았다. 영양 불량의 정도가 심각할수록 성장 이후의 지능도 낮아서 평균보다 최대 17점이나 낮았다. 이는 IQ가 학급 평균에서 하위 11%로 떨어지는 것과 마찬가지다.[12]

백인보다 흑인 계층에 더 빈곤하고 영양상태가 나쁜 아이가 많다는 것은 사실이다. 흑인의 저학력이 가정 환경에서 비롯된다면 복지 정책을 통해 상황을 개선할 수 있다. 개인과 마찬가지로 인종 간의 지능 격차에서도 환경결정론은 진보주의자들에게 마음의 위안을 가져다준다.

그런데 아서 젠슨은 이 논리에 강력한 반론을 제기했다.

분명히 빈곤은 IQ를 낮추는 요인이지만 백인과 흑인의 경제적 조건을 균일하게 조정하면 그 요인을 제거할 수 있다. 즉 평균적인 흑인과 비슷한 경제여건의 백인을 선택해서 인종 간의 지능을 비교하는 것이다.

미국에서는 IQ 75 이하면 지적 장애로 판단한다. 경제적 여건에 따라 사회 계층을 5개로 나누었을 때, 지적 장애아의 비율은 최하층의 백인에서는 7.8%이지만 같은 최하층의 흑인에서는 42.9%이다. 나아가 흑인의 경우 상위 두 번째 계층에서도 14.5%(7명에 1명 꼴)의 아이가 IQ 75를 밑돌지만 백인의 같은 계층에서는 0.8%다. 동일한 사회 계층 간에 이처럼 큰 차이가 나타나는 현상을 환경 요인

사회 계층의 구분		백인	흑인	흑인/백인의 비율
부유층	1	0.5	3.1	6.2배
	2	0.8	14.5	18.1배
	3	2.1	22.8	10.9배
	4	3.1	37.8	12.2배
빈곤층	5	7.8	42.9	5.5배

【그림 2-2】 경제 여건에 따라 5개 사회 계층으로 분류했을 때 각 계층에서 IQ 75 이하인 아동의 비율 '추정치의 %'

*아서 젠슨의 《유전과 교육》을 바탕으로 작성

으로는 설명할 수 없다고 젠슨은 주장한다.[13]

동시에 이 조사 자료는 다음과 같은 기묘한 사실을 보여준다.

최하층에서 IQ 75 이하인 아이의 비율은 흑인과 백인 사이에 5.5배나 차이가 난다. 그런데 이 비율은 최상위층으로 올라가면 6.2배로 최하층보다 높다. 상위 두 번째 계층에서는 놀랍게도 18.1배로 치솟는다. 왜 이런 현상이 생기는 것일까?

젠슨은 이를 두고 통계학에서 말하는 '평균으로의 회귀'[14] 법칙이 작용하는 것이 아닐까 설명한다. 성공한 흑인은 지능이 높지만 그것은 일시적인 현상으로 그들의 자녀는 평균적인 흑인의 인지 능력으로 되돌아간다는 것이다(그림 2-2).

물론 이것으로 환경결정론을 완전히 부정할 수는 없다. IQ에 영향을 미치는 요인은 빈곤에만 국한되지 않기 때문이다. 아이덴티티를 집단귀속의식이라고 한다면 '흑인 집단'으로 분류되는 것 자체가 아이의 학습 능력이나 IQ를 끌어내리는 요인이 될지도 모른다. 흑인 사회에서 흔히 공부하는 아이는 친구 집단에서 소외당한다. 심리학자 주디스 리치 해리스의 집단사회화 발달론이 인종과 유전에 대한 유력한 반론이 될 수 있다는 사실은 12장에서 검토하겠다.

우리는 운동 능력이나 음악적 재능에서 인종에 따른 차이를 자연스럽게 받아들인다. '흑인의 비범한 신체 능력'이라든지 '타고난 리듬감'과 같은 식이다. 아프리카에는 수많은 민족이 다양한 적성을 가지고 살아가는데도 불구하고, 우리는 스포츠나 음악을 이야기할 때 피부색을 기준으로 그들을 모두 흑인이라는 한마디로 표현하는 데 거부감이 없다.

그에 반해 지능의 격차는 차별로 직결되며 정치적인 문제가 되어 격렬한 논쟁을 부른다. 왜냐하면 우리가 살고 있는 '지식 사회'가 사람의 다양한 능력 중에서 지적 능력(언어 운용 능력과 논리 수학적 능력)에 특권적인 가치를 부여하기 때문이다. 정치가나 변호사는 언어적 지능이 높고, 의사나 과학자는 논리 수학적 지능이 높다. 반대로 IQ가 낮으면 경제적으로 성공할 수 없고 사회의 낙오자가 되기 쉽다.

이런 현실 속에서 잠재적 지능은 인종에 관계없이 균등해야 한다는 이데올로기적 요구가 등장한다. 하지만 이는 지극히 위험한 논리가 아닐 수 없다.

지능과 인종은 관계가 없다는 명제를 전제로 사회 구조가 성립되면 장차 연구가 진전되어 그 전제가 부정될 경우 대혼란에 빠질 수 있다. 지능이 유전의 강력한 영향을 받는다는 행동유전학의 연구 성과를 인정하고, 개인의 인권을 평등하게 취급하고 효과적인 재분배와 사회 복지를 설계하는 편이 훨씬 더 현실적이다.

하지만 결코 간단한 일이 아니다.

우리 사회는 지능의 주술에 아주 강력하게 사로잡혀 있기 때문이다. 그에 관해서는 3장에서 이야기해보자.

유대인은 왜 지능이 높을까?

유명 과학자 중 유대인의 비율은 미국과 유럽의 경우 인구 비율에서 예상되는 수치보다 10배나 높다. 과거 2세대에 걸쳐 유대인은 과학 관련 노벨상의 4분의 1 이상을 획득했지만 유대인은 세계 인구의 600분의 1에도 미치지 못한다. 미국에서는 전체 인구의 채 3%도 되지 않는 유대인들이, 기업의 CEO 중 약 20%, 아이비리그의 학생 중 22%를 차지한다. 이와 같은 수치를 제시하며 '유대인은 왜 지능이 높은가'라는 수수께끼에 접근한 이들은 물리학자 출신의 그레고리 코크란과 인류학에서 집단유전학으로 전공을 바꾼 헨리 하펜딩이다.[15]

두 사람은 우선 다음 2가지 사실을 제시한다.

① 그리스 로마 시대에 유대인의 지능이 높다고 설명한 문헌은 전무하다. 당시 뛰어나게 현명하다고 여겨진 민족은 그리스인이었다.

② IQ 검사 결과 특별히 지능이 높은 유대인은 유럽에 거주하던 아슈케나짐이다. 스페인과 포르투갈에 거주했던 세파르딤과 중동 및 북아프리카에서 살던 미즈라힘 등 기타 유대인의 지능은 평균과 다르지 않다.

'왜 아슈케나지 유대인만 유독 지능이 높은가?'라고 코크란과 하펜딩은 묻는다. 그들의 IQ는 평균 112~115로 유럽 평균 100보다 1 표준편차 가까이 높다. 평균적인 표준 점수를 50이라고 하면 아슈케나지 유대인은 60에 상당한다.

아슈케나지는 '독일의'라는 뜻이다. 라인 강 연안에 살다가 폴란드와 러시아 같은 동유럽 제국으로 이주한 유대인의 후손을 아슈케나지 유대인, 즉 아슈케나짐이라고 한다.

오스만 제국과 같은 이슬람권에서 살던 유대인에 비해 아슈케나짐에게는 눈에 띄는 특징이 있었다. 유럽의 극심한 유대인 차별로 인해 인구 증가가 억제되었다는 점과 기독교에서 금기시하던 대부업으로 생계를 유지할 수밖에 없었다는 점이다. 여기에 유대교 특유의 타민족과의 혼인 금기까지 더해졌으니, 수십 세대가 흐르는 동안 지능에 관한 유전적 변이가 일어나도 이상할 것이 없다고 코크란과 하펜딩은 말한다. 그들의 가설은 다음과 같다.

개는 포유류 중에서 가장 다양성이 풍부하지만 원래는 늑대를 사람이 길들인 것이다. 18세기 이후 품종 개량을 통해 불과 수백 년 만에 세인트버나드에서 치와와까지 다양한 견종이 만들어졌다. 어떤 특수한 조건 아래에서는 이처럼 극단적인 진화 선택이 일어날 수 있다.

대부업 외에는 살아갈 방도가 없다면 수학적 지능(계산 능력)이 뛰어난 편이 유리하므로 유럽의 유대인 부유층은 평균보다 좀 더 지능이 높았을 것이다. 유대인은 원래 다산의 풍습이 있는데다 중세 유럽은 저출산과는 인연이 먼 시대였으므로 부유한 유대인은 기근이 발생했을 때도 살아남아 평균보다 더 많은 자식들을 낳았을 것이다.

학살과 추방으로 유럽 유대인의 인구 증가는 억제되었지만 높은 출산율 덕분에 1세대에서 2세대 만에 인구는 다시 회복되었다. 이때도 지능이 높은 유대인은 추방된 지역에서 가장 먼저 경제적으로 성공했고 대가족을 이루기에 유리했을 것이다.

DNA 분석을 보면 오늘날 아슈케나지 유대인은 선조인 중동인의 유전자를 여전히 50% 가까이 보유하고 있다. 이는 과거 2000년을 지나오면서 혼혈률이 세대당 1% 미만이었다는 사실을 나타낸다. 이 정도로 극단적인 동족혼이 유지되면 유리한 유전적 변이는 흩어지지 않고 집단 내에 축적된다.

만일 부유한 유대인이 평균보다 1점만 지능이 높고 평균보다 많은 수의 자녀를 남겼다고 하자. IQ의 유전율을 30% 정도로만 어림잡아도 40세대 즉 1000년 후 그들의 IQ는 12점(약 1 표준 편차) 가까이 증가한다.

반면 이슬람권에 거주하던 유대인은 인구도 많고 수공업 외에 가죽 무두질, 도축업, 교수형 집행과 같은 직업에 종사할 수 있었으므로 금융업에 특화되는 일은 없었다. 이것이 그들의 IQ가 평균과 다르지 않은 이유다. 아슈케나지 유대인의 높은 지능은 유럽의 혹독한 유대인 차별 속에서 탄생한 것이다.

아슈케나지 유대인은 테이–삭스 병, 고셔 병, 가족성 자율신경실조
증, 2가지의 서로 다른 형질의 유전성 유방암 같은 희귀하고 중증의 유
전병에 걸릴 확률이 높다. 아슈케나지 유대인의 이러한 질환 유병률은
다른 유럽인에 비해 100배나 높다.

변이유전자 중에는 2개가 다 있으면 병에 걸리지만 하나만 있으면
유용한 효과가 있는 유전자가 있다. 유명한 것이 아프리카 지역의 겸상
(鎌狀)적혈구 빈혈증을 일으키는 겸상적혈구 유전자다. 이 변이유전자
가 하나만 있으면 말라리아에 대한 저항력이 강하지만, 2개 모두 있는
사람은 심각한 빈혈에 시달린다.[16]

유대인도 이와 마찬가지로 차별적 환경에 적응한 결과, 지능을 높이
는 변이유전자를 가지도록 진화했지만 그 대가로 다양한 유전병을 짊
어지게 된 것은 아닐까. 이것이 코크란과 하펜딩의 가설이다.

아시아계의 지능과 유전

백인과 흑인의 IQ 차이를 측정한 아서 젠슨은 동시에 아시아계 미국인의 IQ가 백인보다 높다는 사실도 지적했다. 이는 국제학업성취도평가(PISA)[17]의 결과를 보아도 명백하다.

[그림 2-3]은 2012년도 결과인데 수학, 독해, 과학 모든 항목에서 상하이, 홍콩, 싱가포르가 상위 3위를 차지했고 그 뒤를 타이완, 한국, 일본이 잇는다. 동아시아 국가들 사이를 비집고 들어간 나라는 핀란드 같은 북유럽 국가뿐이다.

아시아 국가의 뛰어난 학업 성취도는 지금까지 가정 교육을 중시하는 유교 문화의 영향으로 생각되었다. 하지만 IQ의 높은 유전율과 아이의 인격 형성에 양육이 거의 영향을 미치지 않는다는 행동유전학의 지식(Ⅲ부 참조)을 생각하면 이 '문화적 결정론'을 인정하기는 어렵다.

순위	수학	평균 득점
1	상하이	613
2	싱가포르	573
3	홍콩	561
4	타이완	560
5	한국	554
6	마카오	538
7	일본	536
8	리히텐슈타인	535
9	스위스	531
10	네덜란드	523

순위	독해력	평균 득점
1	상하이	570
2	홍콩	545
3	싱가포르	542
4	일본	538
5	한국	536
6	핀란드	524
7	아일랜드	523
7	타이완	523
7	캐나다	523
10	폴란드	518

순위	과학	평균 득점
1	상하이	580
2	홍콩	555
3	싱가포르	551
4	일본	547
5	핀란드	545
6	에스토니아	541
7	한국	538
8	베트남	528
9	폴란드	526
10	캐나다	525

【그림 2-3】 PISA에 의한 평균점의 국제 비교(2012년도)

고대인의 뼈 DNA를 해석한 결과 일본인의 선조인 야요이인은 중국 남부(양쯔 강 유역)에서 한반도 남부를 거쳐 기타규슈로 건너갔다는 사실이 밝혀졌다.[18] 외모에서도 알 수 있듯이 중국인과 한국인, 일본인은 같은 유전자를 공유한다. 그렇다면 그것이 지능과 관계가 있을까?

하나의 가설은 세로토닌 전달 유전자의 분포다.

'행복 호르몬'으로 알려진 세로토닌의 뇌 속 농도(세로토닌 수준)가 높으면 낙천적인 성격이 되고 낮으면 신경질적이고 불안을 느끼기 쉽다. 이 세로토닌을 운반하는 유전자는 전달 능력이 높은 L형과 전달 능력이 떨어지는 S형이 있는데 이 둘이 조합해서 LL형, SL형, SS형 세 유형이 정해진다.

이 유전자 조합의 분포는 지역마다 상당한 차이를 보인다. 일본인의 경우 약 7할이 SS형이고 LL형은 2%에 불과해 세계에서 가장 적은 편으로 이것이 일본에 우울증이나 자살이 많은 유전적 이유로 꼽히고 있다.

IQ로 측정하는 지능과 PISA가 말하는 학력(시험 점수)이 동일하지는 않다. S형 유전자가 지능과는 상관없지만, 근면성과 연관이 있다는 점은 충분히 생각할 수 있다.

불안감이 강한 사람은 장래를 걱정해서 미리 준비하려 한다. 반대로 과도하게 낙천적인 사람은 앞일을 생각하기보다 지금 당장을 즐기려 한다.

이런 유전적 경향이 동아시아 국가가 공통적으로 국제 비교에서 성적이 높은 이유를 설명할 수 있지 않을까? 즉 불안감과 맞바꾸어 높은 지능을 손에 넣었다는 논리다.

이 결과는 동아시아 국가에서 봉건적 정치와 사회 제도가 발달하고 엄격한 규율의 조직을 선호하는 이유로도 생각할 수 있다. 유교는 SS형 유전자에 최고로 적합한 사상이었기 때문에 동아시아 전역으로 퍼져나간 것이다.[19]

03

지식사회의 승리자
vs 추락하는 패배자

몇 년 전 워싱턴의 댈러스 국제공항을 경유해서 멕시코의 휴양지인 칸쿤으로 향했을 때 일이다. 12월 중순이라 기내는 이른 크리스마스 휴가를 해변에서 즐기려는 가족들로 만석이었다. 승객의 약 8할이 백인이었고 나머지 2할은 중국계와 인도계 가족 몇 쌍 정도였다. 크리스마스까지 1주일도 더 남았던 시기라 그들은 장기 휴가를 즐길 수 있는 경제적 여유가 있는 워싱턴 근교 주민들이었다.

비행기 안에서 만난 부유층의 양상은 미국의 인종 구성과 많이 달랐다. 미국 정부의 국세 조사에 따르면 미국 전체 인구 중 약 60%는 백인(유럽계)이고 히스패닉이 16%, 아프리카계(흑인)가 12%, 아시아계는 5% 남짓이다. 하지만 그날 비행기 승객 중에는 흑인을 찾아볼 수 없었고 멕시코 행 비행기였음에도 히스패닉의 비율도 극히 낮았다.

물론 이 한 번의 체험으로 미국에 대해 무언가를 이야기할 생각은 전혀 없다. 하지만 이때 느낀 필자의 의문은 미국의 정치학자 찰스 머레이에 의해 해명되었다.

☊ 경제 양극화의 근본적 원인은 무엇인가?

찰스 머레이는 리처드 헌스타인과 함께《벨 커브》(1994)를 출판해서 미국 전역을 분노의 도가니로 몰아넣었다. 백인과 흑인은 IQ에 차이가 있으며 그것이 흑인에 빈곤층이 많은 이유라고 설명했기 때문이다.

그러나 머레이의 입장에서 인종 차별이란 비판은 인과관계가 한참 뒤바뀐 이야기다. 그들이 흑인을 차별하는 것이 아니라 오히려 국가가 소수집단 우대정책을 통해 흑인을 역차별하고 있다는 것이다.

근대 국가의 대원칙은 국민을 차별하지 않고 평등하게 대우하는 것이다. 나이와 성별, 종교나 사회적 지위에 따라 일부 국민을 차별하거나 혹은 특별 취급해서는 안 되며 이는 민주 사회의 근간을 이루는 대원칙이다. 소수집단 우대정책이 논란이 되는 이유는 이 원칙에 수정을 가했기 때문이다.

물론 어떤 규칙에도 예외는 있다. 예를 들어 장애인을 일반인과 똑같이 취급해야 한다고 주장하는 사람은 없다. 하지만 유권자, 즉 납세자는 마땅히 인종을 기준으로 한 예외 조치가 당초의 목적에 부합하는지 검증할 권리가 있다. 그런데 국가가 흑인을 역차별하고 있는 이상, 검증을 위해서는 인종별로 지능과 연봉, 생활수준을 통계 조사할 수밖에 없다는 것이 머레이의 반론이다.[20]

《벨 커브》는 베스트셀러가 되었지만 머레이 본인은 백인과 흑인의 지능 격차를 폭로했다고 평가받는 것이 불만이었다. 왜냐하면 그는 미국 사회를 계층화시키는 것은 인종이 아니라 다른 이유 때문이라고 설명했기 때문이다.

그 '다른 이유'란 무엇일까? 그의 주장은 단 한 줄로 요약된다.

"미국의 경제격차는 지능의 격차다."

머레이는 뜨거운 논란을 불러일으킨 이 가설을 검증하기 위해 새로운 책을 저술했다. 그것이 《양극화: 백인의 나라 미국》이다.[21]

⚘ 스노브, 초고학력의 엘리트주의

이 책에서 머레이는 미국에서 가장 민감한 인종 문제를 피하기 위해 분석 대상을 백인으로 한정했다. 그리고 지능의 격차가 그들의 인생에 어떤 영향을 미치는지, 대학교나 대학원을 졸업한 지식층과 고등학교를 중퇴한 노동자층을 방대한 사회 조사 데이터를 이용해 비교했다.

머레이는 우선 우편번호(ZIP)와 국세 조사의 세대 소득을 바탕으로 소득 상위 5%에 해당하는 연소득 20만 달러 이상의 부유층이 사는 장소를 추출하고 그들이 특정 지역에 모여 산다는 사실을 알아냈다. 이들이 모여 사는 초고급 주택가가 바로 '슈퍼 ZIP(SuperZips)'이다.

이어서 기업 경영자의 등용문으로 알려진 하버드 비즈니스스쿨(HBS)과 하버드, 프린스턴, 예일 세 곳의 일류 대학 졸업생 명부에서 40대와 50대의 주소를 조사했다. 그 결과 HBS 졸업생의 61%가 슈퍼 ZIP에 살고 있었으며 전체 졸업생의 83%가 세대 소득 상위 20%인 고급 주택가에 주소가 있었다. 하버드를 비롯한 세 곳의 일류 대학교도 졸업생의 45%가 슈퍼 ZIP에, 74%가 고급 주택가에 살고 있었다. 미국 사회에 새롭게 등장한 이 부유층을 머레이는 '신상류층, 혹은 초고학력의 엘리트주의 스노브'라고 불렀다.[22]

미국 전역에서 슈퍼 ZIP이 가장 집결한 곳은 워싱턴 특별구다. 그 밖에 뉴욕과 샌프란시스코(실리콘밸리)에 대규모 슈퍼 ZIP이 있고 로스앤젤레스와 보스턴이 그 뒤를 잇는다.

워싱턴에 지식층이 모이는 이유는 정치에 특화된 도시이기 때문이다. 이곳에서는 국가기관 직원이나 싱크탱크 연구원, 컨설턴트나 로비스트와 같이 높은 지능과 학력을 가진 사람들 외에는 비즈니스 기회를 손에 넣을 수 없다.

뉴욕은 국제금융, 실리콘밸리는 ICT(정보통신산업)로 세계 경제를 견인하고 로스앤젤레스는 엔터테인먼트, 보스턴은 교육의 중심이다. 글로벌화로 인해 미국의 문화와 예술, 기술과 비즈니스 모델이 큰 영향력을 지니게 되었고 세계적으로 통용되는 업무에 종사하는 사람들의 수입이 크게 증가해 새로운 타입의 부유층이 등장한 것이다.

슈퍼 ZIP에 사는 신상류층은 맥도날드 같은 패스트푸드점은 이용하지 않고 알코올은 와인과 크래프트(craft) 맥주를 마시며 담배도 피지 않는다. 미국에서도 신문 구독자는 계속 줄고 있지만 신상류층은 매일 아침 《뉴욕타임스》(진보파)나 《월스트리트 저널》(보수파)을 읽고 《뉴요커》나 《이코노미스트》, 경우에 따라서는 《롤링스톤》 같은 잡지를 정기 구독한다.

신상류층은 기본적으로 TV를 거의 보지 않으며 인기 있는 라디오 토크쇼(전화 토론 프로그램)도 듣지 않는다. 휴일 대낮부터 소파에 앉아 스포츠 중계를 보며 지내는 일은 없다. 휴가도 라스베이거스나 디즈니월드가 아니라 배낭을 메고 캐나다나 중앙아메리카의 대자연 속에서 보낸다.

머레이는 이것이 신상류층이 슈퍼 ZIP에 모여 사는 이유라고 말한다. 신상류층의 취미나 취향은 일반인과는 다르기 때문에 함께 있어도 이야기가 통하지 않는다. 자신과 닮은 사람과 결혼하거나 이웃이 되는 편이 훨씬 더 즐겁다.

미국에서는 민주당을 지지하는 진보파와 공화당을 지지하는 보수파의 분열이 사회적 문제다. 하지만 신상류층은 자신들과 정치적 신조가 같은 노동자 계급보다도 정치적 신조가 다른 신상류층과 이웃사촌이 되고 싶어 한다. 정치적 성향을 제외하면 그들의 취미와 라이프 스타일은 거의 같기 때문이다.

♣ 탐욕스런 1%와 선량하고 가난한 99%

정치학자인 로버트 퍼트넘은 1950년대 미국 각지에서 볼링 클럽과 대학 동창회, 재향군인회까지 한때 융성했던 커뮤니티가 급속도로 붕괴하는 모습을 상세한 자료로 묘사해 충격을 주었다.[23] 프랑스의 사상가 알렉시스 드 토크빌은 독립전쟁이 끝난 미국의 여러 지역을 여행하면서 계급사회인 유럽에는 없는 교회를 중심으로 한 평등하고 건전한 커뮤니티를 발견했지만,[24] 이제 좋았던 옛 시절의 미국은 사라지고 사람들은 모두 혼자 고독하게 볼링을 치고 있다.

전쟁 이전은 물론 전후 1960년대 정도까지만 해도 미국의 대부호들은 일반 서민과 크게 다르지 않았다. 부자가 되면 하이볼(칵테일의 일종)이 짐 빔이 아니라 잭 다니얼이 되거나 자동차가 쉐보레에서 뷰익이나 캐딜락으로 바뀌고 집사들에 둘러싸여 생활했지만 문화 자체는 서민들과 크게 다르지 않았다.

그런데 1980년대 이후 특히 21세기에 들어서면서 미국 사회에 큰 변화가 찾아왔다. 부의 양극화였다. 이제 신상류층은 서민과 전혀 다른 문화를 향유하며 살아간다. 2011년, 미국 월가를 점거한 성난 젊은이들은 이 세태를 '탐욕스런 1%와 가난한 99%(We are the 99%)'로 표현했다.

머레이는 경제 양극화의 확대를 인정하면서 상당히 논쟁적인 주장을 전개한다. 서민(노동자 계급)의 커뮤니티는 확실히 붕괴했지만 신상류층 사이에서는 전통적인 가치관이 아직 건재하다는 것이다.

머레이는 미국 사회의 건국 미덕으로 결혼, 근면, 정직, 신앙 4가지를 꼽았다. 이에 대해서는 이견이 있을 수 있지만, 원만한 가정생활을 유지하고, 매일 직장에 나가 일하며, 이웃을 신뢰하고, 일요일마다 교회에 나가는 사람은 혼자 고독하게 살면서, 실업 중인데다 범죄의 위협에 떨며 아무도 믿지 못하고, 교회에서 멀어지는 사람보다는 분명히 행복할 가능성이 높다.

머레이는 《양극화: 백인의 나라 미국》에서 인지 능력 상위 20%인 신상류층이 거주하는 벨몬트와 인지 능력 하위 30%의 노동자 계급이 사는 피시타운이라는 가공의 도시를 설정했다. 앞의 4가지 기준, 즉 결혼, 근면, 정직, 신앙 모두에서 벨몬트는 피시타운보다 압도적으로 높은 비율로 행복의 조건을 갖추고 있다는 사실을 제시했다.

물론 머레이는 개개인이 지능이 낮아서 행복해질 수 없다고 말하지 않는다. 그가 지적하는 것은 피시타운에는 일할 생각이 없거나 약물과 알코올에 중독되어 갓난아이를 내버려두고 놀러가는 등, 문제 행동을 일으키는 주민들이 급속도로 늘고 있다는 사실이다. 그 비율이 일정 수준을 넘으면 지역 사회는 부담을 견디지 못하고 커뮤니티가 붕괴해서 도시 전체가 '신하류층'으로 전락해버린다.

그에 반해 신상류층에서 이런 문제 행동은 극히 적거나 즉시 제거되기 때문에 토크빌이 감탄했던 건전한 커뮤니티를 여전히 유지할 수 있는 것이다(그림 3-1).

이렇게 해서 머레이는 양극화 사회의 '탐욕스런 1%'와 '선량한 99%'의 구도를 반전시킨다. 미국이 분단된 양극화 사회가 된 것은 사실이지만 미덕은 선량한 99%가 아니라 탐욕스러운 1% 속에 간신히 남아 있다. 왜냐하면 그들은 자신들의 높은 소득을 이용해 부모들이 그들에게 바랐던 좋았던 옛 시절 미국의 이상적인 가정을 충실히 연출하기 때문이다.

좀 더 이해하기 쉽도록 99%에 속하는 펜실베이니아 주 필라델피아 저소득층 지역의 사례를 살펴보자. 대부분의 주민이 백인인 이 지역에서 가톨릭계 학교에 다니는 16살짜리 딸을 둔 한 어머니의 이야기다.

"지난 넉 달 동안 우리 애는 6번이나 베이비 샤워(임신한 친구를 위한 파티)에 초대받았어요. … 딸이 다니는 학교에는 임신한 학생이 52명이나 돼요. 정말 너무하지 않나요? 게다가 이미 출산한 학생도 있다니까요. … 친구들이 다 이 모양이니 누가 나쁘다고 할 수도 없고 도대체 어떻게 되려는지. 왜 이렇게 많은 아이들이 임신을 하는 걸까요? 제가 학교 다닐 때도 몇 명 있긴 했지만 이 정도는 아니었어요. 1년에 기껏해야 4명 정도였거든요."

거듭 말하지만 이는 미국에서 상대적으로 혜택 받는 백인 사회에서 일어나는 일이다. 머레이는 이런 신하류층의 규모를 '생계가 막막한 백인 남성', '혼자 아이를 키우는 어머니들', '고립된 사람들'이라는 3가지 기준으로 적게 어림잡아도 30세 이상 50세 미만의 전 백인 인구의 20%에 달할 것으로 추정한다.(이들이 2016년 미국 대선에서 트럼프의 열혈 지지자이기도 하다.)

이 비율은 흑인과 히스패닉에서는 훨씬 더 높아질 것이다. 하지

① 벨몬트와 피시타운의 기혼자 비율

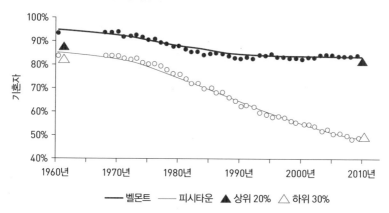

IPUMS[25] 데이터 참조. 30세 이상 50세 미만의 백인 대상. 기혼은 혼인이 유지되며 이혼하지 않은 상태 의미.

② 이혼 혹은 별거로 한 부모와 생활하는 아동의 비율

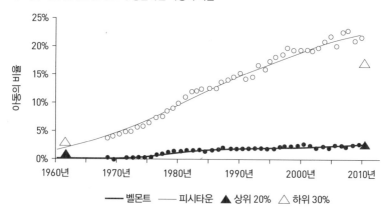

IPUMS 데이터 참조. 30세 이상 50세 미만의 백인 대상.

③ 미국 전체 실업률에 대한 장년 남성의 실업률 비교

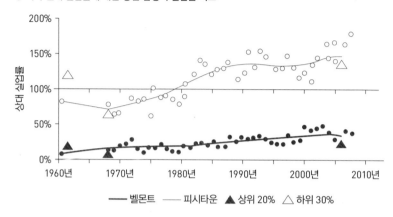

IPUMS와 노동통계국 데이터 참조, 30세 이상 50세 미만의 노동력 인구에 포함된 백인 대상.

④ 백인 수감자 수의 인구 비율

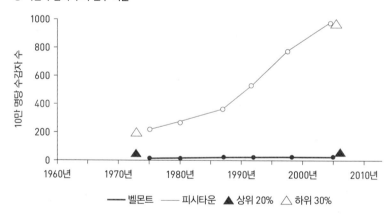

IPUMS와 연방 수감자 6회 조사 결과. 분자는 주 및 연방형무소의 전 연령대 백인 남성 수감자, 분모는 18세부터 65세까지의 백인.

*위의 도표는 찰스 머레이의 《양극화: 백인의 나라 미국》을 참조해서 작성

【그림 3-1】 미국 사회는 신상류층(벨몬트)과 신하류층(피시타운)으로 양극화되었다.

만 백인 사회에서도 신상류층과 신하류층이 분단되어 있다는 사실에서 알 수 있듯이 사회 양극화는 인종 문제가 아니라 '지능의 문제'라고 머레이는 주장한다.

⚐ 일본 사회에 잠재된 '최빈곤층'

일본은 다행스럽게도 미국 같은 심각한 인종 문제가 없고 대부분의 부유층은 서민과 크게 다르지 않은 생활을 한다. 그렇다면 머레이가 지적하는 '지능에 의한 양극화'는 일본과 관련이 없을까?

르포라이터 스즈키 다이스케는 도쿄 같은 대도시에 사는 20대 여성들 사이에 극도의 빈곤이 확대되고 있다고 경종을 울렸다. 스즈키 다이스케는 그 여성들을 '최빈곤 여성'으로 명명했다.[26] 최빈곤 여성의 대부분은 지방 출신으로 이런저런 사정으로 가족이나 친구들과 떨어져 도시로 나와 고독하게 살아간다.

수많은 최빈곤 여성들을 취재한 스즈키는 이 여성들에게 3가지 장애가 있다고 했다. 정신 장애, 지적 장애, 발달 장애다. 이는 현대 사회 최대의 금기 중 하나다. 그런 만큼 정면으로 지적했다는 사실은 높이 평가할 만하다.

최빈곤 여성은 왜 고향을 버리고 도시로 나올까? 그 이유는 불행한 출생이나 성장 배경에다 3가지 장애 탓에 교제가 부담스러워 주변이나 동료들로부터 소외되기 때문이다.

이런 여성들 대부분은 학교에서 집단괴롭힘을 당하고 가출을 하지만, 행정 기관의 보호를 기대할 수 없다. 복지 담당 직원도 이 여성들을 가족처럼 정성껏 돌보기는 쉽지 않다. 일단 가출 소녀를 보호해도 다시 가정으로 돌려보내거나 지역 시설로 인계하는 획일적인 대응에 그치기 때문에 가출 소녀들은 오히려 공적 서비스를 기피한다.

스즈키에 따르면 그런 여성들의 '안전망'은 오히려 길거리의 스카우트다. 업자들은 젊은 여성을 성매매업소나 유흥업소에서 일하게 하고 벌이를 가로채는데, 계속 수익을 뽑아내려면 자본은 보존해야 하므로 최소한의 '복지'를 제공한다.

그런데 현재 일본 사회의 최빈곤층 생태계에 거대한 변화가 일어나고 있다. 저출산 고령화와 가치관의 다양화(젊은 남성의 초식남화)로 인해 매춘과 유흥업계가 크게 축소되었다. 그와 동시에 성의 거래에 대한 여성의 거부감이 줄어든 탓에 유흥업소 지원자가 급증했다. 수요는 줄었는데 공급이 늘었으니 시장 가격은 당연히 하락할 수밖에 없다.

이것이 소위 '섹스의 디플레이션화'다. 그 결과 한때는 월 100만 엔(약 1,000만 원)을 버는 직업 여성이 드물지 않았지만 지금은 인기

많은 일부 여성에나 해당되며, 지방 업소에서는 주 4일 출근에 월수 25만 엔(약 250만 원) 정도로, 편의점이나 주점의 점원, 간병인 등과 수입이 거의 다를 바 없다고 한다.

빈곤선상에 있는 젊은 여성에게 더욱 심각한 문제는 경기 악화로 유흥업계의 신규 수요가 점점 줄어드는 것이다. 지금은 10명이 지원 하면 기껏해야 3~4명이 채용되는 실정이다. 일본 사회는 아마도 인류사상 최초로 젊은 여성이 몸을 팔고 싶어도 팔 수 없는 시대를 맞이하고 있다.[27]

이렇게 해서 지방에서 도시로 나온 젊은 여성 중에는 섹스조차 돈으로 바꿀 수 없는 계층이 태어났다. 그 여성들은 최하류 업소에 서도 상대해주지 않으므로 인터넷 등을 이용해 자력으로 상대를 찾든가 거리로 나서는 수밖에 없다. 그럼에도 생활비를 충당하지 못 해 월세방에서 쫓겨나 PC방을 전전하게 된다. 최빈곤 여성이 탄생 하는 것이다.

최빈곤 여성은 3가지 장애 때문에 사회 자본(가족이나 친구)도 금 융 자본(저축)도 거의 없으므로 인적 자본(일)을 잃으면 순식간에 사 회 밑바닥으로 추락한다. 다소 극단적인 사례이긴 하지만 일본에서 도 지능의 격차가 경제적 격차로 나타나고 있는 것이다.

우리는 이 너무나 잔혹한 진실을 직시하기 두려워, 지금껏 지능 과 빈곤의 명백한 상관관계에 눈을 감아왔다. 세금을 투입해서 고등교육을 무상화해도 교육에 적성이 없는 최빈곤층의 가난은 아무것도 개선되지 않는다. 그저 지식 사회에 적응한 고학력층의 기득권이 또 하나 늘어날 뿐이다.

빵가게 주인이 '빵을 먹으면 건강해지니 국민들에게 세금으로 빵을 무상 제공해야 한다'고 주장한다면 빵과 건강의 인과관계를 과학적으로 증명하고 납세지를 설득할 책임은 빵가게 주인에게 있다. 그런데 교육 관계자들은 '지능의 유전율은 지극히 높다'는 행동유전학의 연구 결과를 무시하고 자신들의 설명 책임을 회피한다. 교육에 더 많은 세금을 투입하면 모두가 행복해질 수 있다고 주장하면서 거액의 공적 자금을 손에 넣고 있는 것이다.

결국, 지식 사회란 지능이 높은 인간이 지능이 낮은 인간을 착취하는 사회다.

진화와 성 전략으로서의
강간

① 신생아가 태어난 당일 살해될 확률은 다른 날보다 100배 높다.

② 살해된 신생아의 95%는 병원에서 태어나지 않았다.

③ 영국에서는 계부모가 키운 유아는 1%에 불과한데도 신생아 살해의 53%가 계부모의 손에 의해 저질러진다.

④ 미국에서도 계부모 학대로 인해 아이가 죽을 가능성은 친부모에 비해 100배까지 올라간다.

⑤ 계부모는 2세 미만의 양자를 친부모에 비해 6배의 비율로 학대한다.[28]

모두 우울하기 짝이 없는 수치이지만 이제는 왜 이런 일이 벌어지는지 일관된 논리로 설명할 수 있다. 현대 생물학과 심리학이 신체적 특징만이 아니라 마음과 감정도 진화의 산물로 인정하게 되었기 때문이다.

♣ 범죄는 '흉포한 남자'의 문제

범죄에는 모든 시대와 사회에서 현저하게 관찰되는 유전적·생물학적 기반이 있다. 그것은 성별 차이다. 여자에 비해 남자가 훨씬 더 폭력적이고 공격적이라는 사실은 명백하다.

미국을 예로 들면 남성의 살인은 여성의 약 9배, 강도는 10배, 중증 상해는 6.5배로 폭력 범죄 전체로 보면 8배 가까이 많다. 폭력을 동반하지 않는 범죄에서도 사기가 여성의 13.5배, 자동차 절도 9배, 방화 7배, 마약 상습 5배, 아이나 가족에 대한 위법 행위는 4.5배에 달한다. 여성의 위법 행위가 남성을 웃도는 죄목은 미성년자의 가출과 성매매뿐이다.[29] 이런 범죄 경향은 일본도 마찬가지여서 남성의 살인은 여성의 3배, 강도는 15배, 상해 12.5배, 폭행이 10.5배 등이다(《2015년도 범죄백서》).

왜 이런 현상이 벌어지는가? 진화생물학은 다음과 같이 설명한다.

여성은 평생 동안 출산할 수 있는 자녀 수에 제한이 있으므로 난자는 지극히 귀중한 존재다. 따라서 상대 남성을 엄격히 선택하도록 진화했다. 반면 남성은 정자의 생산 비용이 낮기 때문에 기회만 있으면 몇 명이라도 아이를 생산할 수 있다. 이것이 시대와 장소를 불문하고 권력을 쥔 남성이 자신만의 하렘을 만들려는 이유다.

이런 상황에서 남자는 여자를 두고 서로 경쟁하도록 진화되었을 것이다. 사춘기가 되면 남성 호르몬인 테스토스테론의 농도가 급격히 상승하고 여성 획득 경쟁에 대비해 모험적·폭력적으로 변하는 현상은 영장류를 비롯해 양성 생식 동물들에게서 공통적으로 보이는 특성이다. 진화가 자신의 유전자 복제를 최대화하도록 강한 압력을 가한다면, 사춘기 남자는 여성과 관계를 맺기 위해 수단과 방법을 가리지 않을 것이다.

일부다처제 사회에서 여성은 지위가 높은 고령의 남자가 독점한다. 그에 맞서 싸울 만한 만용을 지닌 개체만이 후세에 유전자를 남길 수 있었다. 그렇게 생각하면 남자들이 젊을 때는 범죄율과 사고 발생률이 높지만 나이가 들면서 '원만해지는' 현상이 진화적 필연이라는 사실을 알 수 있다.

⚒ 진화를 위해 살해되는 갓난아이들

생식에 있어 남녀의 가장 큰 차이는 혈연의 확인 가능성이다. 여성은 자기 자식을 분명히 알 수 있지만 DNA 감정이 없었던 시대의 남성은 알 도리가 없다. 진화의 힘이 번식력(유전자 복제)을 최대화하도록 작용한다면 남성에게 가장 큰 '진화적 손실'은 자신의 핏줄이 아닌 아이를 키우느라 귀중한 자원을 낭비하는 일이다.

일본을 포함한 모든 국가에서 계부모(대개는 아이가 딸린 여성과 동거하는 남성)에게 학대당해서 살해되는 아이의 숫자는 현저하게 많다. 이는 핏줄 때문에 아이가 차별받는다는 사실을 뜻한다.

성별에 따른 또 하나의 큰 차이는 출산과 육아 비용이다. 여성은 남성에 비해 상대적으로 큰 부담을 치른다. 거대한 뇌를 가진 인간은 태어난 뒤에도 장기간에 걸친 원조가 없으면 독립할 수 없다. 많은 사회가 일부일처제인 이유는 어머니 혼자 아이를 키우기 어려워서 그렇다.

이런 상황에서 젊은 미혼 여성이 원치 않는 임신을 하면 특히 감당하기 힘든 선택을 강요당한다. 생식 가능한 기간이 한정된 이상, 생존 가능성이 낮은 아이를 양육하는 일은 '진화적 손실'이기 때문이다. 만일 여성이 무의식적으로 이런 판단을 내린다면 아이가 태어나자마자 곧장, 즉 양육 비용이 제로일 때 아이를 죽이는 것이 '경제적으로 가장 합리적'인 행동이다.

이런 설명은 더할 나위 없이 우리 감정을 거스르지만 1974년에서 1983년까지 캐나다 경찰국에 보고된 살인 범죄 기록에 따르면 영아 살해는 10대 미혼모에 의한 경우가 가장 많았고 연령이 높아질수록 감소했다. 또 전체 출생아 중 미혼모의 자녀는 약 12%였는데 모친에 의한 영아 살해 사건 중 절반이 미혼모에 의한 것이었다.[30] 처음에 언급한 영아 살해의 특징은 진화의 관점에서 전부 이해할 수 있는 것이다(칼럼5 참조).

이 현상을 현대 사회의 병리로 생각하고 싶겠지만 이 또한 인류학자의 연구를 통해 부정되었다. 아프리카나 남아메리카처럼 문명 사회와 접촉이 없던 원시 부족 사회에서도 영아 살해는 널리 행해져온 것이다. 신생아 살해는 다음 3가지 조건에서 발생하는 것으로 추정된다.[31]

① 아이가 남편의 핏줄이 아닌 경우

남미의 야노마모족이나 폴리네시아의 티코피아족 사회에서는 전 남편의 아이가 딸린 여성과 결혼한 남성은 부인에게 그 아이를 죽이도록 요구한다.

② 아이의 상태에 문제가 있는 경우

대부분의 사회에서 기형아는 유령이나 악마로 인식되므로 출생

직후 살해된다.

③ 양육에 적합한 상황이 아닌 경우

일부 에스키모는 길고 혹독한 이동의 계절에 태어난 아이를 포기할 수밖에 없다. 더 일반적인 이유는 출산 간격이 지나치게 짧을 때다. 손위 아이를 돌보는 데 방해가 된다면 신생아가 살해된다. 같은 이유로 쌍둥이는 출산 직후 한쪽이 살해되는 경우가 많다. 성별이 다르면 사내아이를 살린다.

이처럼 현대 문명과 단절된 사회에서도 거의 동일한 기준으로 신생아가 살해된다. 참고로 영아 살해는 인간뿐 아니라 침팬지 같은 영장류에서도 볼 수 있다.

하누만랑구르 원숭이의 수컷은 새끼 딸린 암컷 집단을 차지하면 가장 먼저 6~7개월 이하의 새끼 원숭이를 죽인다. 수유 중인 암컷은 배란을 하지 않아 새끼를 임신하지 못하기 때문이다. 수컷의 입장에서는 수유가 끝나기를 기다리기보다 기존의 새끼를 죽이고 자신의 새끼를 가지게 하는 편이 합리적인 것이다. 그 때문에 생식을 방해하지 않는 8개월 넘은 젊은 원숭이에게는 아무런 흥미도 보이지 않는다.[32]

영아 살해의 배후에는 영아를 통해 더 많이 번식하려는 진화 프로그램이 숨어 있는 것이다.

♣ 부인 살해와 강간을 유발하는 잔인한 진실

　　자기 핏줄을 확인할 길이 없는 남성에게 가장 큰 진화적 손실은 남의 자식인 줄 모르고 키우는 일이다. 질투라는 강력한 감정은 이로 인해 발생하며 모든 사회에서 여성의 간통은 엄격히 처벌받는다. 반면 남편의 불륜은 불문에 부쳐지는 경우가 일반적이다.

　　부부간의 살해는 대부분 남편의 질투가 원인이다. 부인도 물론 질투하지만 그렇다고 남편을 죽이지는 않는다. 부인의 남편 살해는 스스로의 신변을 보호하기 위한 정당방위거나 학대로부터 자기 자식을 지키기 위해서다.

　　현대 문명사회뿐 아니라 원시 부족 사회에서도 남편은 질투 때문에 부인을 죽이고 남성 간 살인 사건도 여성이 원인인 경우가 많다. 인류학자 마거릿 미드가 '질투도 폭력도 없는 낙원'으로 묘사한 사모아도 실은 간통을 둘러싼 남편의 폭력 빈도가 높다는 사실이 알려져 있다.

　　앞서 살펴본 캐나다의 범죄 기록에 따르면 부부간 살인에는 다음과 같은 현저한 특징이 있다.[33]

　　① 살해당하는 쪽은 주로 어린 아내이며, 특히 남편이 20살 미만의 부인을 살해하는 사건이 많다. 여기서 부인은 법적 배우자, 내연

녀, 동거 상대를 모두 포함한다.

진화론적 입장에서는 기묘한 현상이다. 여성의 생식력은 연령이 어릴수록 높으므로 남성에게는 젊은 여성이 더 가치가 있다. 나이가 들어 생식력이 낮아지면 가치도 떨어진다. 하지만 이 현상은 어린 아내일수록 남편도 젊은 경우가 많고, 젊은 남성이 가장 폭력적이라는 사실, 여성의 생식력이 높을수록 질투의 정도가 더 격렬해진다(귀중한 것을 빼앗겼다고 분노한다)는 점을 고려하면 이해할 수 있다.

② 비슷한 연령대보다 나이 차이가 많은 부부에서 남편이 부인을 살해하는 사건이 많다.

10살 이상 연상인 남편이 매력적인 젊은 부인의 불륜에 이성을 잃는 것은 있을 법한 이야기다. 하지만 이 자료에서 흥미로운 현상은 젊은 남편이 5살 이상 연상의 부인을 살해하는 비율도 마찬가지로 높다는 점이다.

왜 이런 현상이 벌어질까? 이 자료가 시사하는 바는 남자의 본성은 어린 아내를 얻는 일이므로 부인이 5살 이상 연상이라면 그럴 만한 복잡한 사정이 있다든가, 아니면 인간의 본성에 반하는 선택을 할 정도로 특이한 인물(그렇기 때문에 범죄의 위험성도 높다)이라는 것이지만 이런 차별적인 가설을 검증할 수 있는 근거는 찾을 수 없다.

③ 법적 혼인 관계에 있는 부부에 비해, 내연 관계에 있는 남녀 간 살인이 많다.

이는 직관적으로도 이해하기 쉽다. 내연 관계의 커플은 젊은 남녀 사이에 많으므로 ①에서 보았듯이 가장 위험한 그룹에 속한다. 또한 그들은 일반적으로 도시 빈곤층에 많다. 여성의 입장에서 보면, 파트너인 남성이 대단한 자원을 가지고 있지 않으므로, 바람피우다가 발각되어 지원을 잃어도 크게 손해 볼 것이 없다. 가난한 남녀의 내연 관계에서는 여성의 불륜을 막을 수 있는 장애물이 낮아 그것이 남성의 질투를 부르고 살인에까지 이르는 것이다.

④ 내연 관계의 경우, 40대부터 50대 여성이 피해자인 비율이 높다.

내연 관계는 젊은 남녀 사이에 많기 때문에 살인 사건도 당연히 20대에서 30대까지가 가장 많다. 단 100만 쌍 당 살인 건수로 보면 40~55세의 부인 혹은 40대 전반과 50대 후반의 남편의 피해율이 현저하게 높아진다. 이 연령대의 내연 관계에서는 부인이 전남편의 아이를 데리고 있는 경우가 많고 앞서 말했듯이 그 아이는 의붓아버지에게 학대를 받거나 살해당할 위험성이 친자식에 비해 상당히 높다. 그렇기 때문에 의붓자녀로 인한 부부간 갈등으로 인해 남편이 아내를 살해하거나 아내가 정당방위로 남편을 살해하는 사건이 많아지는 것이다.

이 자료에서 흥미로운 점은 일가족 살인은 남자만이 저지른다는 것이다. 전형적인 사례는 아내와 자녀(의붓자식인 경우가 많다)를 살해한 뒤 남성 자신도 자살하는 경우인데, 여성은 거의 이런 행동을 저지르지 않는다.

부인이 남편을 정당방위 등으로 죽이는 경우는 있지만 아이(대부분 친자식일 것이다)에게 손을 대는 일은 없다. 아니면 어쩔 수 없는 사정으로 아이를 죽일 수밖에 없고 자신도 죽음을 선택하더라도 남편까지 죽일 생각은 하지 않는다.

♣ 오랑우탄도 강간을 한다

진화론의 시점에서 강간을 연구한 랜디 손힐(곤충학자이자 진화생물학자)과 크레이그 파머(인류학자)는 강간이 생물계에서 흔히 볼 수 있는 성 전략이라고 설명한다.[34]

예를 들어 밑들이벌레의 수컷은 암컷에게 자신의 타액이나 곤충의 사체를 내밀면서 교미를 유혹한다. 수컷의 타액은 곤충의 사체를 먹고 그 영양분을 토한 것이다.

이런 '선물'이 준비되지 않은 수컷은 암컷이 상대해주지 않으므로 암컷에게 다가가자마자 생식기에 붙은 걸쇠(페니스의 양측에 붙어 있는 갈고리처럼 생긴 1쌍의 기관)로 암컷을 붙잡는다. 그리고 암컷의 앞날개 한쪽을 자신의 날개 아래쪽, 등 부분에 달린 집게 형태의 기관으로 고정하고 교미하는 동안 놓아주지 않는다.

손힐과 파머는 이 기관이 달리 용도가 없는 이상 강간을 위해 진화한 것이라고 볼 수밖에 없다고 말한다.

강간하는 곤충 이야기는 그다지 놀랍지 않을 수 있지만 인간과 유전자가 유사한 오랑우탄의 강간 행위는 충격적이면서 암담하기까지 하다. 잘 알려져 있지 않지만 오랑우탄의 수컷은 전혀 다른 두 종류가 존재한다.

하나는 평균 몸무게 70kg으로 평균 몸무게 40kg인 암컷보다 훨씬 큰 체격에 머리 윗부분이 지방조직으로 부풀어 올랐으며 볼 옆으로 주름이 길게 뻗어 야구 포수 마스크를 뒤집어 쓴 것처럼 보이는 모습을 한 대형 수컷이다. 이런 수컷은 자신의 큰 후두낭을 긴 울음소리를 낼 때 공명 장치로 이용한다. 암컷은 이 대형 수컷에 매력을 느끼고 울음소리가 나는 곳으로 다가간다.

다른 하나는 소형 수컷이다. 체격은 암컷과 비슷하지만 사춘기 청년이 아니라 성숙한 성인 오랑우탄이다. 이 유형은 도중에 성장이 멈추는데 테스토스테론 수치로 보면 생식 능력은 완전하다. 때때로 급작스럽게 성장해서 대형 수컷이 되기도 한다. 수컷의 성장이 멈추는 이유는 근처에 대형 수컷이 있기 때문으로 추측되지만 대형 수컷이 있어도 성장하기도 한다.

오랑우탄의 관찰 초기, 소형 수컷은 단순히 젊은 수컷으로 여겨졌지만 마침내 그들의 특이한 성행동이 밝혀졌다. 앞서 설명했듯이 오랑우탄 암컷은 대형 수컷에게 끌리므로 소형 수컷은 인기가 없고 그래서 암컷을 강간하게 되는 것이다.

자연계에서 일어나는 오랑우탄의 강간을 최초로 보고한 영국인 동물학자인 존 매키넌은 다음과 같이 썼다.

'암컷은 두려워 도망치려 하지만 수컷에게 붙잡혀 구타당하거나 물어뜯기기도 했다. 암컷은 때때로 비명을 질렀는데 함께 있던 새끼는 울부짖으며 수컷에게 달려들어 물고 늘어지며 손을 잡아당기고 발로 찬다. 수컷은 물건을 잡는데 적합한 발을 사용해 암컷의 허벅지를 잡든지 허리를 감싸는데 암컷은 어깨를 사용해 몸을 빼내려고 몸부림치며 이동한다. 수컷도 그에 맞추어 움직인다. 나무 위에서 시작한 교미가 지상에서 끝난 예도 있었다. 이런 강간은 약 10분간 이어졌다.'

매키넌은 조사 기간 중 8건의 교미를 관찰했는데 그 중 7건은 이러한 강간 행위였다.[35]

⚘ 부부 사이의 강간은 왜 일어나는가?

남성(인간의 수컷)은 사춘기가 되면 여성을 두고 치열한 경쟁에 나

서게 된다. 이 경쟁은 전혀 공정하지 않다. 자연은 원래 도덕적이지 않으며 다양한 전략을 취하는 개체 중 후세에 더 많은 자손을 남긴 유전자가 살아남을 뿐이다. 그렇게 생각하면 몸집이 작은 수컷 오랑우탄과 마찬가지로 인간의 수컷이 강간을 저지르는 이유도 진화의 적응일 가능성을 부정할 수 없다. 여성을 차지하는 경쟁에서 불리한 요소가 있다고 그대로 포기하는 유전자는 성 선택[36] 속에서 옛날 옛적에 사라졌을 것이다.

남성이 강간을 진화시켰다면 여성 또한 그에 맞서 대항책을 진화시켰을 것이다.

손힐과 팔머는 강간 피해 여성이 오르가슴을 느끼지 못하는 것이 일종의 대항책이라고 추측한다. 여성이 오르가슴을 느끼면 옥시토신이라는 성호르몬이 분비되는데 이 호르몬은 자궁을 수축시켜 스포이트처럼 더 많은 수의 정자를 자궁 속으로 빨아들인다. 강간 행위에서는 이 작용이 발생하지 않으므로 임신이 어렵다는 설명이다.

또한 피해 여성은 당연히 극심한 정신적 충격을 입는데 이 역시 진화의 적응일 가능성이 있다.

피해 여성과 이해 관계자인 남성(특히 남편)의 분노는 강간범은 물론 피해자인 여성에게도 향한다. 강간을 빙자했을 뿐 실은 서로 합의한 관계가 아닐까 의심하기 때문이다. 그로 인해 남편으로부터 자원 제공이 중단되면, 여성은 생활에 곤란을 겪게 되므로 심하게 상처 입은 모습을 연출해서 남편의 질투나 의심을 피할 수 있도록 진화했다고 생각할 수 있다.

이 가설은 폭력의 정도와 피해자의 심리적 고통이 반비례한다는 사실로 뒷받침된다. 폭력을 이용한 강제적 관계였다는 증거가 신체에 남아 있을수록 여성의 정신적 고통이 적다는 사실은 잘 알려져 있다. 그 이유는 합의에 의한 관계가 아닌 일방적인 강제적 관계였다는 사실을 남편이 믿기 쉬워서다.

손힐과 팔머는 더 나아가 강간범의 아이를 출산하는 일이 여성에게는 진화의 적응일 수 있다는 가능성조차 지적했다. 성 선택의 목적이 후세에 더 많은 유전자를 남기는 것이라면 공정하게 경쟁하는 개체보다 교활하게 강간하는 개체가 번식에 더 유리할지도 모른다는 것이다. 불쾌하기 짝이 없는 이야기지만 이것이 진화심리학의 전형적인 사고방식이다. 이에 대한 흥미로운 반론은 10장을 참조하기 바란다.

단 다음과 같은 지적은 마찬가지로 기분 나쁘지만 어느 정도 납득할 수 있다.

근래 들어 부부나 오래된 연인 사이의 강간 사건이 자주 보고된다. 미국에서는 10~26%의 커플이 결혼 생활 중에 강간당했다고 보고하고 있다.[37] 사건의 대부분은 남성이 부인이나 연인의 불륜을 의심했을 때 일어난다.

왜 질투에 사로잡힌 남성은 부인이나 연인을 범하는 것일까?

그가 '진화론적으로 합리적'이라면 목적은 자신의 정자를 상대 여성의 자궁에 주입하는 것이다. 다시 말해 강제적인 성관계를 통해 경쟁자의 정자를 이길 가능성이 조금은 더 높아지기 때문이다.

친부모와 계부모의 자녀 살해

가정에서는 남성이 자신과 혈연관계가 아닌 부인이나 동거 상대의 아이를 학대하거나 살해하는 일이 특히 많다. 또 모친의 영아 살해 사건 중에는 상대 남성의 강요로 갓 태어난 친자식을 살해하는 비율이 상당히 높다. 받아들이기 어려운 주장이지만 반론하기 전에 다음 자료를 살펴보자.

[그림 4-1]과 [그림 4-2]는 각각 미국과 캐나다의 아동 학대에 관한 기록을 바탕으로 작성했다. 양친이 모두 친부모인 경우와 친부모와 계

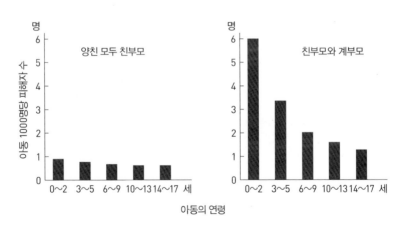

【그림 4-1】 미국 인도주의협회에 보고된 아동 1000명당 학대 건수(1976)

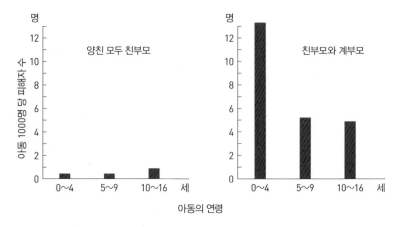

【그림 4-2】 캐나다 아동구조협회와 온타리오 주 해밀턴 시청에 보고된 아동 1000명당 학대 건수 (1983)

부모(대부분이 의붓아버지)인 경우로 구별해서 아동의 연령에 따라 학대 횟수의 변화를 조사했다.[38]

여기서 알 수 있듯이 양친 모두 아이와 혈연관계가 있는 친부모인 경우, 아이의 연령에 관계없이 학대 건수는 거의 일정하다. 반면 양친 중 한쪽이 혈연관계가 아닌 경우, 아동 학대 전체 건수가 많은 것은 물론, 아동이 어릴수록 더 많이 학대를 당한다는 사실을 알 수 있다. 이 사실은 '갓 태어난 아이는 양육 비용이 들어가지 않은 만큼 무의식중에 이해득실을 계산해서 포기하기 쉽다'는 진화심리학의 가설과 맞아떨어진다. 거꾸로 말하면 아이가 성장하면서 양육의 누적 비용이 커지므로 어머니는 더 강력하게 아이를 지키려든다.

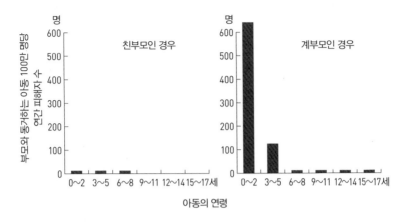

【그림 4-3】 아이의 연령별로 조사한 친부모와 계부모에 의해 살해될 위험성(1974~1983)

*【그림 4-1~3】은 모두 Martin Daly, Margo Wilson, Homicide: Foundations of Human Behavior, Aldine Transaction(1988)을 참조로 작성

이 사실은 [그림 4-3]을 보면 잘 알 수 있다. 이 통계는 캐나다의 범죄 기록을 바탕으로 친부모와 계부모 사이에서 아동이 살해될 위험성을 연령별로 추정한 것이다.

당연한 일이지만 친부모의 자녀 살해는 거의 일어나지 않는다. 한편 계부모의 자녀 살해는 아이가 2살 때까지 집중적으로 발생하며 6살이 넘어가면 크게 줄어든다. 이는 아이와 혈연관계가 없는 남성과 사는 어머니가 학대는 눈 감을 수 있지만 성장한 자녀의 살해에는 필사적으로 저항하기 때문으로 생각된다.

오해가 없도록 설명을 하자면 이는 어디까지나 '계부와 의붓자식'의 경우로 입양 가정과는 관계가 없다. 서양에서는 아이가 없는 부부나 어느 정도 자식들이 성장한 가정에서 입양하는 일이 드물지 않다. 양부모는 일반적으로 경제적 여유가 있고 입양된 아이가 적응하지 못하면 기관으로 돌려보낼 수 있으므로 학대 사건은 극히 드물다.

또 이들 데이터를 보면 알 수 있듯이 캐나다에서 혈연관계가 없는 2세 이하의 아이를 죽인 남성(계부)은 1만 명당 6명, 4세 이하의 아이를 학대한 경우는 100명당 1명을 조금 넘는다. 아내가 데리고 온 자식과 살아가는 남성이 많지만 대부분은 폭력과 무관한 가정생활을 유지하고 있다는 사실도 강조하고 싶다.

가정 내 살인과 혈연

범죄 통계에 따르면 살인 사건의 다수가 가정에서 일어난다. 결과만 보면 가장 위험한 장소는 자기 집으로 '새벽 3시의 센트럴파크보다 가족과 있는 편이 더 위험하다'고 할 수 있다. 하지만 이는 전형적인 통계적 착각이다.

센트럴파크는 뉴욕 시민의 휴식 장소지만 한밤중이나 새벽에 산책하는 사람은 많지 않다. 반면 가정에서 가족과 함께 밤을 보내는 사람은 상당히 많고 시간도 길다. 정확한 통계라면 오전 3시에 센트럴파크를 1시간 산책하는 경우와 가족과 함께 1시간을 보내는 경우의 위험성을 비교하지 않으면 안 된다.

가정이 안전한 이유는 사람은 자신과 혈연관계인 가까운 이에게 위해를 가할 생각을 하지 않기 때문이다. 물론 가족이라도 모든 것이 원만하게 해결되지는 않는다. 관계가 가까운 만큼 오히려 이해 대립이 치열할 수도 있다. 아무 상관도 없는 사람을 원망하거나 미워하지는 않는다. 그리고 자료는 가정 내 문제가 혈연관계가 아닌 구성원들, 즉 남편과 아내, 혹은 계부와 의붓자식 사이에 일어나기 쉽다는 점을 보여준다.

질투에 눈이 먼 남편이 아내를 죽이거나 가정 폭력을 참다못한 아내가 남편을 죽이는 사건은 자주 있지만 친자식이나 친부모를 살해하는 일은 예외적이며 형제간 살인도 거의 발생하지 않는다. 다만 부모 자식과 형제 사이의 애정은 조금 다른 듯하다.

영국 경제학자 닉 파우다비는 다양한 행복을 금전으로 환산했다.[39] 닉 파우다비에 따르면 가족과 사별했을 때 슬픔을 채울 수 있는 보상 액수는 배우자가 31만 2,000파운드, 자녀가 12만 6,000파운드인데 반해 형제의 죽음은 불과 1,000파운드로, 8,000파운드인 친구보다 적었다. 어릴 때는 친밀하던 형제도 나이가 들면서 소원해진다. 유대감의 가치가 그 정도라면 형제끼리 상속 다툼을 벌이는 것도 무리는 아니다.

반사회적 인간은
어떻게 태어나는가?

♔ 마음을 지배하는 것

　마이클 오프트는 중산층의 평범한 중년 남성이었다. 교도소 직원으로 일하다가 대학교에서 석사학위를 취득하고 버지니아 주에 있는 학교 선생님이 되었다. 아이들을 가르치는 일을 좋아했고 재혼한 부인인 앤과 12살 난 의붓딸 크리스티나를 진심으로 사랑했다.

　그런데 40살이 되면서 오프트의 태도는 조금씩 변하기 시작한다. 그때까지 전혀 관심이 없던 유흥업소에 드나들면서 아동 포르노 영상을 수집했다. 아내가 일주일에 2번 파트타임으로 오후 10시까지 집을 비우자 의붓딸인 크리스티나가 자는 침대에 들어가 몸을 만졌다.

크리스티나는 의붓아버지를 사랑했지만 의붓아버지의 행위가 용서받지 못한다는 사실을 알고 있었다. 생각다 못한 크리스티나는 상담사에게 사실을 알렸고 오프트는 아동 성 학대로 체포되었다. 오프트는 소아성애증을 진단받고 치료 시설로 보내졌는데, 그곳에서도 여성 직원이나 환자들에게 치근덕대다가 결국 교도소로 쫓겨날 처지가 되었다.

이송되기 전날, 오프트는 대학 병원에서 심한 두통을 호소했다. 결국 정신병동에 입원한 오프트가 처음으로 한 일은 여자 간호사에게 성관계를 요구한 것이었다. 원칙대로라면 강제 퇴원 당해야 마땅하지만, 어떤 의사가 본인이 소변을 흘리는 사실조차 깨닫지 못하고 위태롭게 걷는 오프트의 모습을 이상하게 여겼다. 그래서 오프트의 뇌 사진을 찍어보니 안와전두엽의 기저에서 커다란 종양이 발견되었다.

의사가 종양을 절제하자 오프트의 증상은 극적으로 개선되었다. 오프트는 의붓딸에 대한 성추행에 심한 양심의 가책을 느꼈고 여성 간호사에게 성관계를 요구하는 일도 없어졌다. 섹스 중독 치료를 착실히 받아 7개월 후에는 부인과 딸이 기다리는 집으로 돌아갈 수 있었다.

기적 같은 이야기는 여기서 끝나지 않는다.

집으로 돌아온 뒤 몇 달 지나, 부인 앤은 오프트의 컴퓨터에서 아동 포르노 사진을 다시 발견하고 경악했다. 재발을 의심한 앤은 남편을 병원으로 데리고 갔고 또다시 뇌의 종양이 발견되었으며 두 번째 종양 절제 수술을 받고 오프트의 이상 증상은 사라졌다. 그로부터 6년 동안 오프트의 성충동과 행동은 정상 수준을 유지하고 있다.[40]

우리 마음이 뇌의 작동이라면 뇌의 기질적 장애가 이상 행동을 유발해도 이상할 것이 없다. 근래 뇌과학 연구의 급속한 발전으로 테스토스테론 같은 호르몬이 인간의 행동에 지대한 영향을 미친다는 사실이 알려졌다.

우리는 마음과 전혀 상관없어 보이는 생리적 특징에 삶을 지배당하고 있는지도 모른다. 그것을 잘 보여주는 게 바로 심박 수다.

☘ 심박 수와 반사회적 행동의 인과관계

공격성과 지배욕이 강한 토끼는 얌전하고 순종적인 토끼보다 안정 시 심박 수가 낮다. 토끼의 지배 관계를 실험적으로 조작하면 힘이 커질수록(무리 속에서 지위가 올라갈수록) 심박 수는 내려간다. 이러한 공격성과 안정 시 심박 수의 상관관계는 보노보, 마카크 원숭이, 나무뒤쥐, 쥐 같은 동물계에서 광범위하게 관찰된다.

그렇다면 인간은 어떨까?

신경범죄학자 에이드리언 레인은 반사회적 행동의 학생이 안정 시 심박 수가 상대적으로 낮다는 사실에 흥미를 느꼈다. 사실 여부를 확인하기 위해 40편의 논문(실험 참가 아동 총 5868명)을 조사한 결과, 반사회적 행동에 관한 참가자 간의 차이와 안정 시 심박 수는 5%의 연관성을 보였다. 이는 의학적으로 흡연과 폐암 발병의 관계보다 훨씬 더 연관성이 높은 수치다.

레인은 스트레스 상황의 심박 수도 조사했다. 예를 들어 '1000에서 7씩 빼면서 거꾸로 세기' 같은 과제를 풀면서 측정한 심박 수다. 조사 결과 스트레스 상황의 심박 수는 반사회적 행동이 나타나는 변동성과 12%의 연관성이 있었다. 이는 가정용 임신 테스트기의 정확도나 불면증을 개선하는 수면제 효과에 필적한다.

심박 수의 성별 차이는 일찌감치 3세 무렵에 나타났고 남자의 심박 수는 여자보다 분당 6.1회 낮았다. 남성 범죄자 수는 여성보다 훨씬 많지만 심박 수의 차이는 반사회적 행동의 성차가 드러나기 이전부터 확인된다.

유소년기의 심박 수가 성인이 된 이후의 반사회적 행동과 관련이 있다는 사실을 제시하는 종단연구[41]도 실시되었다. 영국, 뉴질랜드 등지에서 실시된 5건의 종단연구에 따르면 어릴 적(이르면 3살 시점)

의 낮은 심박 수는 미래의 비행과 폭력, 범죄를 예측할 수 있는 요인이 된다.

모든 반사회적 아동의 심박 수가 낮지는 않다. 레인은 15세 때 반사회적인 성향을 보인 아동 중에 29세까지 범죄자가 된 그룹과 그렇지 않은 그룹의 심박 수를 비교했다. 비범죄자 그룹은 범죄자 그룹에 비해 안정 시 심박 수가 상당히 높았다. 심박 수가 높은 아이는 어린 시절 한때 비행을 저질러도 어른이 되면 개과천선하는 것이다.

낮은 심박 수가 왜 반사회적이고 공격적 행동과 관련이 있는 것일까? 이에 대해서는 몇 가지 설명이 제시된다.

첫째는 공포심의 부재다. '안정 시'라고는 하지만 실험 참가 아동은 낯선 환경에서 그것도 처음 보는 어른의 감독 아래, 전극을 잔뜩 붙인 채 심박 수를 측정 당하므로 가벼운 스트레스를 받는다. 그런 상황에서 겁이 많은 아동의 심박 수는 올라갈 것이다. 낮은 심박 수는 공포심이 없다는 사실을 말해준다.

이 결과는 폭발물 해체 전문가의 심박 수가 특별히 낮다는 사실과도 합치한다. 이 전문가들은 일반인보다 공포를 느끼는 정도가 낮으며, 그 특성을 잘 활용해 사회에 공헌하고 있다.

두 번째 설명은 심박 수가 낮은 아동은 높은 아이보다 공감력이 떨어진다는 것이다. 공감 능력이 부족한 아동은 타인의 입장에서 생각하거나 느끼지 못하므로 괴롭힘이나 폭력을 당했을 때 상대방이 어떤 기분인지 상상하기 어렵다. 마찬가지로 공감 능력이 낮은 성인은 타인의 감정에 무관심하므로 반사회적이고 공격적인 성격이 되기 쉬운지도 모른다.

세 번째 설명은 자극의 추구다. 각성 수준이 낮으면 생리적으로 불쾌한 상태에 빠지기 때문에 최적의 수준으로 끌어올리기 위해 자극을 찾아 반사회적 행동으로 치닫는 것이다.

누구에게나 가장 기분 좋은, 최적의 각성 수준이 존재하는데, 심박 수가 낮으면 쉽사리 그 수준에 달할 수 없어서 누군가를 때리거나, 무언가를 훔치거나, 마약 같은 약물에 손을 대서 자극을 높이려 드는 것이다.

억지스러운 설명으로 느낄 수도 있다. 하지만 심박 수로 미래 범죄를 예측할 수 있다는 가설이 대규모 실험을 통해 증명되었다면 어떨까?

✳ 범죄자가 되는 아이 vs 사업가가 되는 아이

모리셔스는 마다가스카르 동쪽 인도양에 떠 있는 인구 130만 명 남짓의 작은 섬나라이다. 한때는 영국과 프랑스의 식민지로 아프리카와 인도에서 끌려온 노동자들이 대규모 농장에서 일했지만 지금은 호화 리조트로 유명하다. 1967년 세계보건기구는 이곳을 '성인기에 임상 질환을 일으킬 위험성을 지닌 아이들'에 관한 연구 지역으로 선택했다.

이 프로젝트의 종단연구에서는 3세 아동 집단 1795명을 두 그룹으로 나누었다. 하나는 장난감이 있는 방에서도 엄마한테서 떨어지지 않는 '자극을 피하는 타입', 또 하나는 아무런 망설임 없이 장난감을 가지고 노는 '자극을 추구하는 모험가 타입'이다. 8년 후, 아이들이 11세가 되었을 때 '싸움을 하다', '사람을 때리다', '사람을 위협하다' 같은 공격성을 포함한 문제 행동을 부모에게 확인한 결과, 3세 시점에서 자극 추구 정도가 높았던 아동들(상위 15%)은 11세 시점에 공격성이 더 높다는 사실을 알 수 있었다.

물론 3살 때 모험적이었던 아이들이 모두 비행 청소년이나 범죄자가 된다는 뜻은 아니다. 두 사람을 비교해보자.

라즈와 조엘은 실험 참가자 중에서 심박 수가 가장 낮고 최고 수준의 자극 추구와 공포심의 부재를 보였다.

라즈는 성인이 되자 도둑질, 폭행, 강도 등의 죄목으로 유죄 판결을 받았다. 라즈는 전형적인 사이코패스로 타인에게 공포심을 안기고 복종시키는 일에 쾌락을 느꼈다. "폭력의 희생자를 가엾게 여긴 적은 있는가?"라고 묻자 "없다. 양심에 호소하는 것은 그 녀석들이

지 내가 아니다."라고 답했다. 라즈에게 인생은 쾌락과 흥분을 쫓는 무한대의 게임이었다.

한편 조엘은 라즈와는 다른 인생을 살았다. 조엘 역시 두려움을 모르고 늘 자극을 추구하는 어른으로 성장했지만, 자신의 욕망을 미스 모리셔스가 되는 것으로 실현했다.

조엘은 어린 시절을 돌아보며 무엇이든 해보고 싶었고, 세계를 탐험하고 모두의 앞에 적극적으로 나서고 싶었다고 회상했다.

"인생에 대해 다양한 일을 알고 싶었다. 내게 가장 중요한 것은 나 자신을 표현하는 일이었다."

이 이야기를 들었을 때 가장 먼저 떠오른 인물은 버진 그룹의 창업자인 리처드 브랜슨이다. 난독증 때문에 16살에 학교를 중퇴한 리처드는 취미로 시작한 중고 레코드의 통신 판매로 성공을 거두고 버진 레코드를 설립해서 섹스 피스톨즈와 컬처클럽 같은 인기 뮤지션을 거느린 대규모 레코드 회사로 성장시켰다.

브랜슨은 버진 레코드를 EMI에 매각한 뒤 음악업계와는 전혀 다른 업종인 항공 산업에 뛰어들어 버진 아틀랜틱 항공을 설립했다. 1대의 보잉 747 대여로 시작한 이 항공사는 현재 전 세계에 노선을 갖추고 저가 항공사 버진 익스프레스와 버진 오스트레일리아 등을 운영할 정도로 성공했다.

모험가로도 유명한 브랜슨은 무착륙 세계 일주 비행이나 태평양과 대서양을 열기구로 횡단하는 등 화제를 모았다. 모두 사업 홍보를 위해서였다고 하지만 모리셔스의 실험을 생각한다면 꼭 한 번 브랜슨의 심박 수를 조사해보고 싶다.

심박 수가 낮은 아이는 자극을 찾아 반사회적 행동을 저지르는 경우가 많다. 각성 수준이 낮으면 생리적으로 기분이 나빠 각성제 같은 마약에 손댈 위험도 있다.

하지만 그 아이가 지능이나 재능이 뛰어나다면 사회적·경제적으로 엄청난 성공을 거둘 수 있다. 원래 벤처 기업의 창업은 두려움을 모르는 인간만이 할 수 있는 일이 아닌가.

♣ 땀이 나지 않는 아이는 양심을 배울 수 없다

모리셔스의 대규모 실험에서는 불쾌한 자극에 대한 3세 아동의 반응을 피부전도반응(초미세전류를 흘렸을 때 발한량)을 통해 측정했다. 헤드폰을 통해 먼저 저음을 들려주고 10초 뒤에 불쾌한 소음을 내보낸다. 같은 상황이 몇 차례 반복되면 파블로프의 개 실험과 마찬가지로 아동은 저음이 흘러나오는 동시에 땀을 흘리게 된다.

실험 후 20년이 지나 실험 참가자가 23세가 되었을 때, 연구자들은 섬 안의 모든 재판 기록을 살펴서 어떤 아동이 성년 이후 범죄자가 되었는지 조사했다. 1795명 중 137명이 유죄 판결을 받았는데 그들은 범죄와 무관한 정상 대조군에 비해 3세 시점의 공포 조건 실험에서 눈에 띄는 차이가 있었다. 일반 아동은 불쾌한 소음을 예고하는 저음을 들으면 발한량이 증가했지만 성인 범죄자가 된 아동들은 이 반응을 전혀 보이지 않았던 것이다.

연구 결과는 유소년기에 나타나는 자율신경계의 공포 조건 기능 장애가 성인이 되어 범죄를 유발하는 요인으로 작용할 수 있다는 사실을 시사한다. 땀을 흘리지 않는 아이는 부모가 아무리 엄하게 훈육해도 양심을 학습할 수 없는 것이다.

신경범죄학자인 레인은 한 단계 더 나아가 예상치 못한 실험을 떠올린다. 레인은 교도소에 수감되지 않은, 즉 '똑똑한 사이코패스'의 심박 수와 피부전도반응을 측정하고자 했다.

하지만 경찰도 잡지 못한 사이코패스를 어떻게 찾아낼 수 있을까? 레인은 우선 똑똑한 사이코패스가 모여 있을 만한 곳을 추적하다가 직업 소개소를 찾아냈다.

똑똑한 사이코패스는 범죄자라는 사실을 들키지 않고 사회에 잠입하므로 보통 사람들과 섞여 살아간다. 하지만 자극이 필요한 똑똑한 사이코패스는 지루한 업무를 계속하지 못하고 좋은 사람처럼 보이지만 결국에는 정체가 발각된다. 따라서 빈번히 직업을 바꾸므로 일시적이나마 직업소개소에 머무는 경우가 많았다.

레인은 직업소개소에서 심리학 실험에 협력할 사람을 모집한 다음, 참가자들에게 '최근 어떤 범죄를 저질렀는지'를 물었다. 똑똑한 사이코패스라면 솔직히 답할 리가 없다고 생각하겠지만 의외로 많은 참가자가 자신의 '범죄 이력'을 기쁘게 털어놓았다.

이유 중 하나는 레인의 연구가 미국 후생성으로부터 기밀 보호 인증을 받았기 때문이다. 인터뷰를 시작하기 전 참가자는 어떤 비밀을 털어놓아도 불이익을 당하지 않는다는 설명을 듣는다. 하지만 그보다 더 결정적인 이유는 스스로 자신의 체험을 누군가에게 이야기하고 싶었기 때문이다. 똑똑한 사이코패스는 강간과 살인을 포함해 자신이 저지른 나쁜 짓을 태어나 처음으로 마음껏 떠벌일 기회를 얻은 것이다.

⚹ 똑똑한 사이코패스와 어리석은 사이코패스

일반 인구 집단에서 남성 반사회적 인격 장애자의 구성 비율은 3%이지만, 직업소개소에서 모집한 참가자들은 무려 24.1%라는 경이적인 수치가 나왔다. 그 참가자들 중 43%는 강간, 53%는 상해를 저질렀고 29%는 무장 강도, 38%는 총기 발사, 29%는 살인 미수 혹은 살인을 저질렀다. 합계가 100%를 크게 웃도는 이유는 한 사람이 복수의 범죄를 저질렀기 때문이다. 그럼에도 그 참가자들 중 많은 수가 지금까지 한 번도 경찰의 조사 대상이 되지 않았다.

사회에 잠입한 똑똑한 사이코패스의 표본을 손에 넣은 레인은 이들과 교도소에 수감된 '어리석은 사이코패스', 범죄와 무관한 일반인(정상 대조군)을 비교했다.

스트레스에 대한 피부전도반응에서 어리석은 사이코패스는 이론의 예상대로 땀이 나지 않는 정도의 낮은 수치를 보였다. 다시 말해 양심을 학습할 능력이 없었다. 하지만 똑똑한 사이코패스는 정상 대조군과 마찬가지로 스트레스로 인한 발한율이 상승했다. 즉 똑똑한 사이코패스는 일반인과 마찬가지로 자율신경계가 신속하게 반응하는 것이다.

다음으로 레인은 계획, 주의, 인지의 유연성 같은 실행 능력을 측정했다. 이것은 기업 경영자로 성공하기 위한 필수 능력으로 어리석은 사이코패스는 정상 대조군에 비해 현저하게 떨어졌다. 하지만 똑똑한 사이코패스는 어리석은 사이코패스는 물론 일반인을 뛰어넘는 높은 실행 능력을 갖추고 있었다.

똑똑한 사이코패스는 공포 조건에서 양심을 학습할 수도 있었고, 기업 경영자 못지않은 뛰어난 실행력도 지니고 있었다. 그렇다면 그들은 왜 범죄자의 길을 택했을까?

이에 대해서 레인은 2가지 요인을 지적했다.

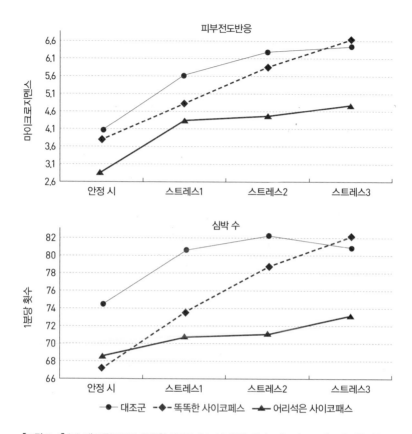

피부전도반응

【그림 5-1】 (위): 대조군(일반인), 똑똑한 사이코패스, 어리석은 사이코패스의 스트레스에 의한 발한량 (피부전도반응)
(아래): 동일한 그룹의 심박 수 비교

＊에이드리언 레인의 《폭력의 해부》를 바탕으로 작성

하나는 똑똑한 사이코패스는 입양되거나 고아원 같은 시설에서 자란 경우가 많았다는 점이다. 친부모와 유대감이 약해서 친밀한 사회관계를 형성할 기회를 놓쳤다고 생각할 수 있다.

또 한 가지 명확한 요인은 낮은 심박 수였다.

똑똑한 사이코패스의 안정 시 심박 수는 어리석은 사이코패스와 마찬가지로 확실히 낮았다. 하지만 스트레스 상황에서는 정상 대조군과 동일한 정도의 수치까지 단번에 심박 수가 상승했다(그림 5-1).

스트레스 자극으로 쾌감을 느낀다면 똑똑한 사이코패스는 심박 수를 급상승시킬 수 있는 체험을 지속적으로 요구하게 될 것이다.

물론 이상의 주장은 모두 가설의 범위를 넘지 않는다. 관련 연구도 이제 막 시작되었을 뿐이다. 심박 수와 같은 단순한 생리현상이 범죄를 유발한다는 사실은 충격적이지만, 생각해보면 모든 감각적, 생리적 자극은 뇌에서 처리되므로 그곳에서 고유한 성격과 취향이 태어난다고 해도 이상할 것이 없다.

✳ 소년 범죄자와 이상(異常)성욕자에 대한 충격적인 치료법

애정과 관심이 넘치는 유복한 가정에서 자란 대니는 3살 무렵부터 이미 부모도 손쓸 수 없을 정도의 문제아였다. 물건을 훔치고, 거짓말이 능수능란했고, 10살이 되자 마약까지 사고팔았다. 나이가 들어 몸이 건장해진 대니는 자동차를 훔쳤고 마약을 사려고 어머니를 위협해 패물을 빼앗았다. 결국 15살이 되던 해 18개월 동안

소년원에 수감되는 신세가 되었다.

대니의 부모는 지푸라기라도 잡는 심정으로 소년원을 나온 아들을 데리고 '뇌를 바꾼다'는 의심스러운 진료소를 찾았다. 첫 검사 결과, 대니의 전두전엽에서 뇌파의 활동이 지나치게 느리다는 사실이 발견되었다. 이는 낮은 각성 수준의 전형적인 징후다.

진료소에서는 대니에게 전극이 장착된 모자를 씌운 채, 팩맨 같은 비디오 게임을 시켰다. 게임을 통해 집중력을 유지하고 각성 수준이 떨어지는 미숙한 대뇌피질을 단련하기 위해서였다.

아마 말도 안 되는 치료법이라고 생각할 것이다. 자타 공인의 비행 소년이 팩맨 게임을 한들 무엇이 바뀌겠는가?

하지만 치료의 효과는 놀라웠다. 1년 동안 진료소를 다닌 결과, 대니는 낙제점투성이 학생에서 전체 A학점을 받는 우등생으로 변모했다. 치료를 마친 뒤 대니는 과거의 자신을 다음과 같이 설명했다.

"학교 수업은 전혀 흥미가 없었다. 하지만 나쁜 짓을 할 때는 견딜 수 없을 정도로 흥분했다. 경찰들을 따돌리고 보란 듯이 한바탕 소란을 피우고 싶었다. 그때는 그것이 멋지다고 느꼈다."[42]

범죄와 심박 수의 관계에서 알 수 있듯이, 뇌는 가정이나 학교와 같은 외적 환경보다 오히려 체내의 생리적 자극에서 더 크게 영향을 받는다. 각성 수준이 낮은 아동은 무의식중에 더 강한 자극을 찾게 되고 결과적으로 범죄를 저지르게 된다.

또 한 가지 특이한 사례를 살펴보자.

빌 모릴은 참기 어려운 성충동 때문에 결혼 후에도 성매매를 그만두지 못하고 틈만 나면 섹스 할 기회를 찾아다녔다. 빌이 느낀 성충동은 너무나 강력해서 벗어나기 위해 스스로 자살을 생각할 정도였다.

빌이 마지막 수단으로 찾아간 곳은 이상성욕을 치료하는 전문 병원이었다. 그곳에서 SRI(세로토닌 재흡수 억제제)라고 불리는 일반적인 항우울증약을 처방받았다.

이것은 뇌 속 물질인 세로토닌의 농도를 높여 우울증을 경감시키는 약인데, 놀랍게도 그 약을 먹자마자 모릴의 성충동은 거의 사라졌다. 장시간 발기도 불가능해져서 모릴의 부인이 채근할 때나 잠자리에 응할 수 있는 정도였다. SRI에는 성충동을 감소시키는 부작용이 있었던 것이다.[43]

대니와 빌 모릴의 사례는 범죄의 일부가 치료 가능한 질병이라는 사실을 의미한다. 그렇다면 우리의 미래는 어떻게 될 것인가?

☓ 뇌과학에 의한 범죄자 조기 발견 시스템

2006년 미국 필라델피아에서 살인 혐의로 체포된 사람의 22%는 집행 유예 혹은 가석방 중이었다. 범죄학자들은 기계 학습을 이용한 통계 기술을 구사해서 가석방된 사람들 중 누가 다시 살인을 저지를지 예측했다. 기본적인 인구통계학적 자료와 범죄 전 이력 데이터를 활용한 단순 기술이었지만, 석방 후 2년 이내에 다시 살인죄로 고발된 범인을 43%의 확률로 정확하게 예측했다.

연구 성과를 바탕으로 신경범죄학자 에이드리언 레인은 범죄자 조기 발견 시스템인 '롬브로소 프로그램'을 운용하는 가까운 미래 사회(2034년)를 그렸다.[44]

2034년 미래 사회에서는 18세 이상의 남성은 전원 의무적으로 병원에서 뇌 영상 촬영과 DNA 검사를 받아야 한다. 기본 5개 기능 검사는 다음과 같다.

① 구조적 영상 촬영에 의한 뇌 구조 검사
② 기능적 영상 촬영에 의한 안정 시 뇌 활동 검사
③ 확산 텐서 영상을 통한 뇌 백질의 종합도와 뇌의 접속성 검사
④ 자기 공명 분광법에 의한 뇌의 신경화학적 검사
⑤ 세포 기능 조사를 통해 세포 수준의 2만 3000개 유전자의 발현 상태 검사

참고로 이 검사는 모두 현재 의료 기술로도 가능하다. 검사 결과

에 따르면 그룹별로 다음과 같은 범죄를 5년 이내에 저지른다고 예측할 수 있다.[45]

- LP-V(롬브로소 양성-폭력 범죄)에 속한다고 평가된 자의 79%
  : 중대한 폭력 범죄
- LP-S(롬브로소 양성-성범죄)의 82%: 강간이나 소아성범죄
- LP-H(롬브로소 양성-살인)의 51%: 살인

이 또한 가공의 이야기가 아니라 현실 데이터를 바탕으로 추정한 것이다.

롬브로소 프로그램은 다음과 같이 실시된다.

5개 기능 검사 중 하나라도 양성으로 평가되면 특별 수용 시설에서 무기한 수감되도록 선고된다. 유사 양성의 위험과 우려도 있으므로 평가에 이의를 제기하고 제3자에 의한 재검사를 요구할 권리가 법적으로 보장된다.

특별 수용 시설은 삼엄한 경비 아래 놓이지만 수용자들은 실제로는 어떤 범죄도 저지르지 않았으므로 제2의 가정과 같이 기능할 수 있도록 설계된다. 주말에는 배우자가 방문할 수 있고, 교육과 여가 활동도 가능하며 선거와 투표에도 참여할 수 있다.

수용자는 교육뿐 아니라 약물 치료와 뇌심부 자극요법 같은 뇌

과학적 치료를 받는다. 그 결과 LP 등급이 바뀔 수 있으므로 수용자 전원은 매년 재검사를 받는다. 가장 범죄를 저지르기 쉬운 연령대는 사춘기에서 청년기이므로, 나이가 들면서 자연스럽게 LP 등급이 정상 범위로 돌아오는 사람도 있다. 이런 경우에는 보호관찰기간을 정해서 사회로 복귀시키고, 아무런 사고 없이 관찰기간을 마치면 LP 등급에서 완전히 벗어나 일반시민으로 살아갈 수 있다.

또 LP-S(롬브로소 양성-성범죄)로 수용된 경우, 본인의 희망에 따라 거세 같은 수단을 통해 테스토스테론의 농도를 낮추면 수용 시설을 나갈 수 있다.

잠재적 범죄자의 관리를 시작한 정부는 다음 단계로 LP-P(Lombroso Positive-Partial) 등급을 도입한다. '롬브로소 부분 양성'을 의미하는 이 계층은 시설에 수용될 정도는 아니지만 일반인에 비해 범죄를 저지를 위험성이 높은 사람들이다. 경찰은 LP-P로 평가된 사람들의 데이터베이스를 확보하고 범죄 용의자 조사에서 우선적으로 이 자료를 참고한다. 단 대부분의 LP-P 평가자는 범죄와 무관한 인생을 보내므로 관련 자료는 엄격하게 관리되며 당사자에게도 알려지지 않는다.

레인은 이와 같은 조치에 의해 살인과 같은 흉악 범죄의 발생률을 25% 정도 낮출 수 있을 것으로 예측했다.

♣ 아동 검사와 부모 면허제

롬브로소 프로그램의 성공에 힘입어 정부는 다음 단계로 '전국 아동 검사 프로그램'을 개시한다. 이는 10세 아동 전원을 대상으로 생리 기능, 심리 상태, 사회관계, 행동을 평가해서 유소년기의 데이터로 종합, 분석하고 미래의 범죄를 예측하는 프로그램이다.

이 프로그램이 실시되면 부모는 '당신의 장남이 성인이 된 후 폭력범이 될 가능성은 48%, 살인을 저지를 가능성은 14%입니다' 같은 보고를 받게 된다.

물론 아직 아무런 죄도 짓지 않은 아이를 강제적으로 시설에 수용할 수는 없다. 하지만 위험 인자를 보유한 자녀의 부모는 아이에게 2년 동안 집을 떠나 생물사회적 집중 치료를 받도록 선택할 수 있다. 이 치료를 통해 아이가 성인이 된 이후 범죄자가 될 확률을 유의미하게 낮출 수 있다.

범죄의 생물학적 기초를 생각한다면 10세에 교정을 시작해도 효과에는 한계가 있다. 따라서 정부는 유전적 문제에 대처하고 영유아기의 적절한 가정 환경을 정비하기 위해 '아이를 낳으려면 면허를 취득해야 한다'는 법률을 만들지도 모른다. 자동차는 사회에 유익하지만 동시에 위험 요소이기도 하므로 운전 면허 취득을 의무화하고 있다. 마찬가지로 새로운 구성원은 사회에 필요하지만 동시에 사회에 위협적인 존재가 될 수도 있으므로 부모 면허제라는 발상은 당연하다고 할 수 있다.

부모 면허제는 '부모의 좋은 행동은 아이의 올바른 행동을 이끈다'를 슬로건으로 내세우며 무엇보다 아이의 인권과 보호를 우선시한다.

부모 면허를 취득하려면 남녀 모두 임신 전에 육아에 관한 기본 지식을 습득해야 한다. 생식 기능의 구조를 비롯해 태아기의 영양 공급, 스트레스의 제거, 유아의 욕구, 성장기 아이의 훈육과 정서적 지원, 10대 청소년과의 대화법 등을 학습한다. 교육의 최종 목표는 책임감 있는 시민으로 성장시키는 일이다. 면허 제도를 통해 부모 교육이 철저히 이루어진다면 담배나 알코올로 인한 태내 환경의 오염으로 뇌에 기질적 장애가 생기는 불행한 사태를 예방할 수 있을 것이다(칼럼 7 참조).

부모 면허제에서는 시험을 통과하고 면허를 취득하지 못하면 출산이 허락되지 않는다. 이는 당연히 학습 장애를 지닌 사람들에 대한 차별로서 사회 문제가 될 수 있다. 그래도 '안전한 사회'에 대한 대중의 요구가 강력하다면 미래 어느 시기에 이러한 제도가 도입될 가능성은 충분하다.

⚗ 뇌과학에 의한 감시 사회

이러한 뇌과학에 의한 감시 사회에 대부분의 사람은 강한 거부감을 느낄 것이다. 하지만 현실 사회에서 일어나는 상황을 보면 생각이 달라질 것이다.

영국에서는 출소한 전과자의 재범이 사회 문제가 되어 2003년 '공공 안전을 위한 구금형(IPP)' 프로그램[46]이 시행되었다.

이 프로그램은 종신형을 선고받을 정도의 범죄를 저지르지 않았지만, 재범의 위험 정도에 따라 피고인을 무기 징역에 처할 수 있는 제도다. 영국에서는 2010년까지 5828명이 IPP 종신형을 선고받았다. 그 중 2500명은 이미 자신에게 선고된 형량을 모두 채웠지만 겨우 4%인 94명만이 석방되었다. IPP 프로그램으로 인해 처벌에 타당한 형량을 초과해 수감된 사람은 엄청난 수에 이른다.

게다가 2000년 영국에서는 정신과 의사들의 반대를 무시하고 '위험한 중증인격 장애(DSPD)'에 대한 법률이 제정되었다. 정부는 이를 근거로 사회에 위험하다고 판단된 인물을, 범죄를 저지르지 않았어도 검사와 치료 명목으로 체포해서 시설에 수용할 수 있게 되었다.[47]

이처럼 지금도 인권을 침해한 범죄자 예비군의 격리는 공공연하게 이루어지고 있다. 왜냐하면 안전에 대한 선진국 시민의 요구가 아주 강력해졌기 때문이다. 범죄자의 인권을 존중하는 범죄에 관대한 정치가는 당장 선거에서 떨어진다. 영국의 DSPD 관련 법률도, IPP 프로그램도 토니 블레어가 이끄는 진보주의 노동당 정권 아래 제정되었다.

레인은 문제는 범죄자 혹은 범죄 예비군의 인권 침해가 아니라 이러한 인권 침해가 비과학적이고 조악한 방법으로 현실에서 실행되고 있다는 사실이라고 말한다. 그렇다면 신경범죄학의 최첨단 성과를 활용해서 더 과학적이고 적절한 방법으로 범죄를 관리하는 편이, 사회에도 범죄자 당사자에게도 상황이 지금보다는 훨씬 더 개선되지 않겠느냐고 레인은 묻는다.

이것은 굉장히 무거운 질문이다. 그러나 뇌과학의 진보는 급속하게 이루어지고 있으므로 우리는 결국 이 현실에서 눈을 돌릴 수 없게 될 것이다.

범죄와 임산부의 흡연과 음주

범죄는 유전과 환경의 상호작용에 의해 일어나는 사회 현상이다. 여기서 말하는 환경은 가정과 육아뿐 아니라 자궁 속 태내 환경도 포함된다. 유전적으로 전혀 문제가 없어도 태내가 오염되었다면 태아의 뇌 발달에 심각한 장애를 일으킬 위험이 있기 때문이다.

범죄학자의 조사에 따르면 혈중 납 농도가 높은 소년은 교사와 본인 평가 양쪽에서 비행 점수가 높았다. 또 태아기 및 출생 후에 납 농도가 높았던 아이는 20대 전반이 되어 범죄를 일으키거나 폭력을 행사하기 쉽다. 어떤 연구에 따르면 태아기에 혈중 납 농도가 $5\mu g$ 증가할 때마다 체포 가능성이 40% 상승했다.

미국에서는 환경 속의 납 농도는 1950년대부터 1970년대에 걸쳐 상승했지만 1970년대 후반부터 1980년대 전반까지 규제 강화 덕분에 크게 개선되었다. 이러한 납 농도의 변화 추이와 23년 후의 범죄 발생률 사이에는 상당히 높은 상관관계를 보인다. 어머니의 자궁 안에서 납에 노출된 태아나 납에 오염된 모유를 먹고 자란 유아는 성인이 되어 범죄자가 될 가능성이 높은 것이다. 동일한 상관관계가 영국, 캐나다, 프랑스, 오스트레일리아, 핀란드, 이탈리아, 독일, 뉴질랜드에서 발견되었으며 전 세계, 국가, 주, 도시 모든 단위에서 납 농도와 성인 이후의 범죄 건수를 나타내는 그래프의 곡선이 거의 정확하게 일치한다.[48]

태아의 뇌에 나쁜 영향을 미치는 중금속은 납 이외에도 카드뮴, 망간, 수은처럼 다양한 종류가 있다. 하지만 그보다 더 심각한 문제는 임산부의 흡연과 음주다.

현재 임신 중의 흡연은 태아의 뇌 발달에 악영향을 미칠 뿐 아니라 출생 후 아이에게 높은 공격성이나 행동 장애를 일으킨다는 사실이 밝혀졌다.

덴마크 남성 4169명을 대상으로 실시한 연구에서는 하루에 20개비의 담배를 피우는 어머니의 자녀는 성인이 된 후 폭력 범죄를 저지르는 비율이 일반인에 비해 2배에 달했다. 핀란드인 5966명을 대상으로 한 연구에서도 흡연자 어머니의 자녀는 22살까지 전과자가 될 확률이 2배였다. 또 미국 연구에서는 임신 기간 중에 하루 10개비씩 담배를 피운 어머니의 아들은 행동 장애가 될 가능성이 4배나 높았다.

이 연구 결과를 보고 어떤 이들은 인과관계가 잘못되었다고 생각할 수도 있다. 흡연이 태아에게 나쁜 영향을 미치는 것이 아니라, 임신 중에 흡연할 정도의 어머니이므로 유전적인 영향 혹은 유아 학대로 인해 아이가 반사회적인 행동을 저지르게 된다는 것이다. 실제 임신 중에 흡연을 한 어머니의 자녀 중 72%나 되는 아이들이 신체적, 성적 학대를 받았다는 연구 결과도 있다. 구제불능의 어머니이므로 임신 중에 담배를 피우고 자기 아이를 망치는 것이다.

태아는 어머니의 흡연으로 인해 일산화탄소와 니코틴이라는 2종류의 신경독성 물질을 흡수하게 된다.

흡연은 자궁의 혈류를 감소시키고, 태아에게 산소와 영양 공급을 줄이며, 저산소증을 일으켜 뇌에 장애를 일으킨다. 흡연의 영향을 받은 태아는 머리둘레가 작아지고 뇌 발달에 손상을 입는다. 또 선택적 주의나 기억 같은 다양한 측면에서 장애를 일으키며 계산과 쓰기 능력이 떨어진다.

또 태아의 니코틴 노출은 노르아드레날린계의 발달을 저해하고 교감신경계의 활동을 손상시킨다. 그 결과 자율신경 기능이 저하되고, 안정 시 심박 수가 낮아지며 각성 수준이 낮아서 항상 자극을 찾아 헤매는 아이가 태어날 가능성이 있다.

한편 임산부가 알코올을 대량 섭취하면 태아알코올 증후군이라고 불리는 장애를 유발한다. 이 병의 특징은 안면 기형으로 얼굴 중앙부는 비교적 편평하고 윗입술은 극도로 얇으며 양쪽 눈의 간격이 크게 떨어진 경우가 많다.

알코올은 태아의 뇌 기능 자체에도 중대한 영향을 미친다. 알코올에 노출된 뇌 조직은 광범위하게 위축되며 특히 뇌의 양쪽 반구를 연결하는 뇌량의 기능이 소실된다. 뉴런의 손실도 현저해서 구조적, 기능적 장애로 인해 학습 능력과 실행 기능이 크게 떨어진다.

알코올이 태아에 미치는 영향은 아주 심각해서 아프리카계 미국인 어머니를 대상으로 한 연구에서는 임신 기간 중 7일에 단 1잔씩 알코올음료를 섭취했을 뿐인데, 아이가 공격적 성향을 보이거나 비행을 저지를 확률이 상승했다.

또 출생 후의 영양 불량, 특히 아연, 철, 단백질의 부족은 뇌의 발달을 방해하고 인지 능력을 저하시켜 반사회적 행동을 유발한다는 사실도 밝혀졌다.[49]

II
아주 잔인한 '미모 격차'

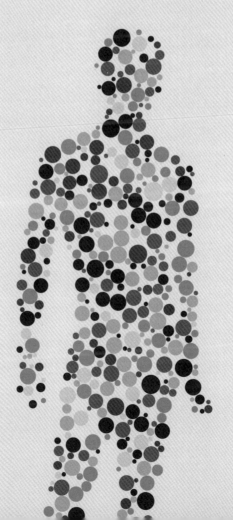

외모가 인생을 좌우한다
-용모의 금기

♣ 사진으로 성격과 미래를 알 수 있다

미국의 심리학자 매튜 헤르텐슈타인은 졸업사진 수백 장을 모은 뒤 사람들의 웃는 얼굴에 점수를 매겨, 미래 결혼생활을 예측한 연구로 일약 유명세를 탔다. 헤르텐슈타인에 의하면 남녀 모두 별로 웃지 않았던 졸업생의 이혼율은, 만면에 미소를 띤 사람의 5배에 달했다.[50]

과연 외모로 사람의 성격과 미래를 알 수 있을까?

텍사스 대학교에서는 100명이 넘는 학생을 대상으로 2장씩 사진을 찍었다. 1장은 각자 좋아하는 포즈를 취한 채 찍은 자연스러운 사진, 또 다른 1장은 차렷 자세로 무표정하게 정면을 보는 사진이다.

학생들에게 본인의 성격을 설명하게 하고 친구와 가족의 평가도 보고하도록 해서 학생 성격의 평균치를 추출했다.

자료 준비가 끝나자 연구자는 제3자에게 학생들의 사진을 보여주고 성격을 예측하도록 했다. 그 결과를 실제 성격, 즉 본인과 주변 사람들의 평가 평균치와 비교해서 예측의 정확도를 조사했다.

결과는 다음과 같다.

무표정한 사진에 의한 추측 정확도는 외향성이 4점, 자존심이 3점, 신앙심이 2점으로 나왔다. 예측이 적중할수록 점수가 높다.

자연스런 포즈 사진은 외향성과 새로운 일에 대한 도전이 4점, 호감도, 자존심, 신앙심이 3점, 붙임성, 고독감이 2점으로 나왔다.

이 결과에서 무표정한 사진을 보고도 사람의 내면을 어느 정도는 추측할 수 있다는 사실을 알 수 있다. 제3자에게 무엇을 실마리로 삼았는지 묻자 건강한 외모, 단정한 옷차림이라고 답했다. 헤어스타일이나 패션이 성격을 드러내는 것이다.

자연스런 포즈 사진은 추측의 정확도도 높았지만 무표정한 사진으로는 알아차리지 못한 성격도 판별해냈다. 외향성, 붙임성, 자존심을 추측하는 데 힌트가 된 것은 압도적으로 웃는 얼굴이었다. 기타 편안한 자세나 활력 등이 있었다.

흥미로운 점은 사진으로 추측하지 못하는 성격도 있었다는 것이다. 성실함, 온화함, 정치적 견해였다.

정치적 견해야 알 수 없는 것이 당연하지만, 성실함과 온화함을 예측하지 못한 이유는 웃는 얼굴이 진짜인지 아닌지 판별하기 곤란했기 때문이다. 밝은 미소를 띠는 학생이 외향적이라는 사실은 쉽게 상상할 수 있지만 그 얼굴이 반드시 성실함이나 온화함 같은 사람의 내면을 그대로 드러내지는 않는다.

♣ 외모로 지성을 추측할 수 있다

사진으로 성격을 판별할 수 있다는 사실은 그리 놀랍지 않아도 외모로 지성을 추정할 수 있다면 어떤가?

독일의 한 연구팀은 실험실에 학생을 불러 몇 가지 작업을 시키고 그 모습을 녹화했다. 다음으로 해당 영상을 실험 참가자에게 보여주고 학생의 지성을 추정하도록 했다.

실험 결과 어떤 작업이 지성을 추측하는 유력한 힌트가 되었는지 알 수 있었다. 그것은 신문의 헤드라인을 소리 내어 읽는 작업이다. 실험 참가자는 그 모습을 3분 정도 관찰했을 뿐인데 학생의 지성을 정확하게 추측할 수 있었다.

초등학교 국어수업에서는 교과서를 소리내어 읽게 한다. 막힘없이 술술 읽는 아이도 있고 더듬대는 아이도 있다. 읽기 실력의 차이가 당연히 국어성적에 그대로 반영된다고 생각할 수 있다.

그렇다면 다음 실험을 살펴보자.

노스이스턴 대학의 연구자는 처음 만난 대학생끼리 대화를 나누게 하고 그 모습을 녹화했다. 그리고 참여 학생들의 지능지수와 GPA(평균학부성적), SAT(대학진학적성시험) 성적을 목록으로 정리했다. 실험 참가자들에게 학생들의 모습을 다음 3가지 방법으로 관찰하게 했다.

① 음성이 나오는 1분짜리 영상
② 음성이 나오지 않는 1분짜리 영상
③ 1분 동안의 대화를 녹취한 문장

관찰이 끝나자 실험 참가자에게 지능지수, GPA, SAT 목록을 제공하고 각 자료의 주인을 추측하도록 했다.

이미 짐작했겠지만 음성이 나오는 1분짜리 영상을 본 참가자는 학생의 지능을 정확하게 추측해냈다. 하지만 흥미롭게도 음성이 없는 영상도 마찬가지로 정확했다. 그에 반해 음성도 영상도 없는 문장으로는 전혀 추측하지 못했다.

이 실험을 통해 사람의 지성은 대화 없이 외모를 통해 추측할 수 있다는 사실을 알 수 있다. 연구자는 지성을 드러내는 요소로 시선과 아름다운 얼굴 생김을 들었다.

말할 때 상대방의 눈을 보는 사람은 지적인 인상을 줄 뿐 아니라 실제로도 지능이 높다.

아름다운 얼굴 생김이란 소위 말하는 미남미녀가 아니라 평균 정도의 매력을 갖춘 얼굴이라고 정의했으므로 호감형 얼굴이라는 편이 정확할지 모른다. 사람들은 연예인처럼 너무 잘생기고 예쁜 얼굴에는 지성을 느끼지 못한다. 막힘없이 유창하게 말할 때는 표정도 단정해보이므로 평균적인 용모에 전체적인 균형이 잘 잡혀 호감을 느끼면 관찰자는 지성적이라고 판단하게 되는 것이다.

♣ 첫인상의 적중률

우리는 상대의 외모만 보고도 그 사람의 성격이나 지성을 판단할 수 있다. 놀라운 능력이지만 이 직감은 얼마나 신뢰할 수 있을까?

미국의 대학에서는 학기가 끝날 때마다 학생들이 교수 평가를 하는데 평가 결과는 교수의 승진과 급여 인상, 종신 재직권 부여에 이용된다.

연구자는 학생이 얼마나 정확하게 교수의 수업을 판단할 수 있는

지 조사했다.

우선 학생을 두 그룹으로 나누어 한 그룹은 첫 수업 직후에 평가를 시행하고 다른 그룹은 첫째 주가 끝날 때 평가를 시행했다. 4개월 후인 학기 말에 모든 학생이 동일한 평가를 다시 한 번 시행했다.

평가는 교수의 열의, 학문의 중요성과 가능성이 어느 정도 전달되었는지, 학생의 질문에 성실히 답변했는지, 학생의 학습 의욕을 고취했는지 등 다양한 항목에서 이루어졌다. 놀랍게도 첫째 주의 평가뿐 아니라 첫 수업 직후 평가까지 학기 말 평가와 거의 일치했다. 학생은 첫 수업만 듣고도 교수의 우수성을 정확하게 꿰뚫어본 것이다. 이것이 이 실험 결과의 가장 알기 쉬운 설명이다.

다음으로 연구자는 수업 시간을 어느 정도까지 줄이면 학생이 판단을 내릴 수 없는지 조사했다. 하버드 대학교에서 인문과학, 사회과학, 자연과학의 수업을 녹화하고 그것을 수업당 30초(수업 시작과 중간 부분, 끝나는 부분의 10초씩)로 편집해서 보여주었는데 학생들은 그 짧은 영상만으로도 유능한 교수와 무능한 교수를 구별해냈다. 이 영상에서 음성을 제거해도 결과는 마찬가지였다.

그래서 연구자는 영상을 더 짧게 편집했다. 이번에는 수업을 2초씩 합계 6초의 음성이 없는 영상을 보여주었다. 놀랍게도 결과는 학기 말의 다른 학생들에 의한 평가와 일치했다.

이 정도면 학생이 도대체 수업 내용을 정확하게 이해하고 있는지

가 의심스러워진다. 이 흥미로운 연구 과제에 도전한 사람은 행동과
학자인 스티븐 세시다.

세시는 가을 학기가 끝나고 봄 학기가 시작되기 전까지 프레젠테
이션 테크닉 연수를 받았다. 프레젠테이션 기술이 낮았던 가을 학
기와 같은 내용으로 다음 봄 학기 수업을 준비했다. 수업 내용뿐
아니라 표현부터 시간표, 프로젝터의 필름까지 모두 동일하게 마련
했다.

각 학기가 끝난 뒤 학생들은 수업 평가를 했다. 가을 학기 세시
교수의 수업은 5단계 평가에서 2.5로 평균점이었는데 봄 학기가 되
자 갑자기 4점이라는 높은 점수가 나왔다. 수업 내용은 같았음에도
불구하고 학생들은 프레젠테이션의 차이만으로 '열의와 지식을 가
지고 타자의 견해에 관용적이며 친근감이 있고 체계적으로 정리된
강의를 한다'는 인상을 받은 것이다.

이 연구 결과만 보면 교수들은 모두 프레젠테이션 기술을 배워
야 할 듯하다. 특히 종신 재직권을 아직 얻지 못한 젊은 교수에게
2.5와 4라는 평가 차이는 인생의 갈림길이 될 수 있다.

하지만 세시의 실험은 프레젠테이션이 만능이 아니라는 사실도
알려준다. 학생들의 학기 말 시험성적을 비교해보니 가을 학기와 봄
학기의 차이가 없었다. '열정적인 세시 교수'에게 수업을 들은 학생
은 스스로 만족했을지 모르지만 그저 '많은 것을 배웠다고 느꼈을'

뿐 학습 성과는 별반 다르지 않았다.

이 실험 이야기를 듣다 보면 프레젠테이션의 경연장인 TED가 떠오른다. 고도의 프레젠테이션 기술을 구사하며 혁신적인 아이디어를 소개하지만, 진짜 가치 있는 아이디어인지 판단하려면 유튜브 영상이 아니라 종이에 기록된 내용을 읽는 편이 좋다. 뛰어난 프레젠테이션으로 사람들을 설득하고자 해도 바탕이 되는 아이디어가 무가치하다면 아무 의미도 없기 때문이다.

♣ 갸름한 얼굴은 넓적한 얼굴에게 살해당한다

직감적으로 대학교수의 유능함을 구별할 수 있다면, 외모에서 공격성을 추측하기는 더 쉬울 것이다. 실제 실험을 통해 서로 다른 용모를 순간적으로(0.039초) 보기만 해도 사람은 누가 더 공격적인 성격인지 판별할 수 있다는 사실이 밝혀졌다. 사진의 인물은 모두 무표정하며 헤어스타일을 알아볼 수 없도록 흐리게 처리했다. 물론 귀고리나 문신도 없다.

그렇다면 도대체 무엇이 판단의 기준이 되는 것일까? 답은 얼굴의 너비와 길이의 비율이다.

우리는 갸름한 얼굴과 넓적한 얼굴을 보았을 때 후자를 더 공격적이라고 판단한다. 이 직감은 남성의 경우 상당히 정확하다. 여성은 갸름한 얼굴과 넓적한 얼굴 사이에 공격성의 차이가 없다.

왜 이런 일이 일어나는 것일까? 연구자들은 남성의 얼굴 너비는 테스토스테론의 농도와 관계가 있지 않을까 추측한다.

대표적인 남성 호르몬인 테스토스테론은 농도가 높을수록 경쟁을 선호하고 야심이 많으며 모험을 좋아하고 공격적인 성격이 된다. 당연히 성욕과도 밀접한 관련이 있다.

테스토스테론의 농도 차이는 유전적인 요인도 있지만 그보다는 태아기에 자궁 내 환경에서 큰 영향을 받는다. 태아는 어머니의 자궁 속에서 다양한 호르몬에 노출되는데 그 영향은 뇌뿐 아니라 신체적인 특징으로도 나타난다.

많이 알려진 것이 검지와 약지의 비율이다. 여성은 양쪽의 길이가 거의 같지만 남성은 약지가 긴 경우가 많다. 검지와 약지의 길이 차이는 테스토스테론 수치가 높을수록 커진다.[51]

마찬가지 특징이 얼굴의 길이와 너비의 비율에서도 관찰된다. 테스토스테론의 농도가 높은 남성일수록 얼굴이 넓고 공격적인 성격이 강하다. 오해가 없도록 설명해두면 이것은 어디까지나 '평균적인 남성'의 이야기로 얼굴이 넓적한 남성이 모두 폭력적이라는 뜻은 아니다.

헤르텐슈테인은 갸름한 얼굴의 남성과 넓적한 얼굴의 남성에 관해 다음과 같은 연구를 소개했다. 양쪽 모두 권위 있는 심리학 전문지에 게재되었다.

① 얼굴이 넓적한 남성은 갸름한 얼굴의 남성에 비해, 경쟁자를 물리치기 위해 3배나 더 많이 거짓말을 한다.

② 50달러 상품권이 달린 추첨이 있다. 주사위 숫자로 참가 횟수를 결정하는 실험에서 넓적한 얼굴의 남성은 갸름한 얼굴의 남성에 비해 실제 숫자보다 더 높은 숫자를 보고하는 비율이 9배에 달했다.

③ 상금을 공평하게 분배할지 자신이 더 많은 몫을 받을지 결정하는 조건에서, 넓적한 얼굴의 남성은 갸름한 얼굴의 남성에 비해 공평하게 분배하기를 싫어했다.

④ 미국에서 발견된 수많은 두개골과 200개가 넘는 피살자의 두개골을 조사한 결과 교살, 사살, 타박 살인 같은 폭력으로 살해당한 경우는 갸름한 얼굴의 남성이 압도적으로 많았다. 테스토스테론 수치가 높은 넓적한 얼굴의 남성이 싸움하는 횟수가 더 많을 것이므로 연구자는 이 결과를 '갸름한 얼굴의 남성이 넓적한 얼굴의 남성에게 살해되었다'고 해석했다.

♣ 미모의 잔인한 손익계산

커다란 눈, 둥근 얼굴, 넓은 이마, 작은 턱은 동안으로 불린다. 말 그대로 아기와 닮아서 동안인 사람은 남자든 여자든 순진하고 연약하며 따뜻하고 정직한 인상을 준다.

하지만 동안이 살아가는 데 반드시 유리하다고는 할 수 없다.

미국의 한 연구에서는 은행에서 창구 담당과 대출 담당을 모집할 때, 동안인 남성을 창구 담당으로, 나이 들어 보이는 얼굴의 남성을 대출 담당으로 결정하는 경우가 많았다. 나이 든 얼굴이 더 결단력이 있고, 때로는 냉정하게 고객을 대할 수 있을 것처럼 보이기 때문이다. 대출을 받으려는 측은 필사적이므로 감정이 약해져서 판단을 그르칠까 염려하는 것이다.

은행에서는 창구보다 대출 담당이 보통 지위나 급여 수준이 더 높으므로 동안인 남성은 단지 얼굴 생김 때문에 냉철함이 부족하다고 손해를 보는 셈이다.

반대로 동안이라서 이득인 경우도 있다.

미국의 재판 판결과 피고의 용모를 비교한 연구에 따르면 동안인 남성을 사기죄로 고소해도 많은 경우 패소한다는 사실이 밝혀졌다.

300건의 재판을 조사한 연구에서는 피고가 무죄를 주장했을 때 노안인 피고 92%에게 유죄 판결이 내려졌지만 동안인 피고는 그 절반 이하인 45%였다. 재판에 제출된 증거나 피고의 얼굴이 미남형인지 아닌지, 또 연령을 고려해도 결과는 바뀌지 않았다.

인종과 외모에 관한 더 불순한 의도의 연구도 있다.

미국에는 다양한 생김의 사람들이 있다. 이 중 넓적한 코, 두터운 입술, 검은 피부 같은 특징을 가진 사람을 '아프리카 기원의 얼굴(아프리카 중심)'이라고 부른다. 순수혈통인 흑인이 아니더라도 또 인종을 가리지 않고(히스패닉=카리브나 중남미에서 온 이민들의 자손에게도 '아프리카 중심'인 사람은 있다), 일반적으로 '아프리카스럽다'고 생각되는 얼굴 생김을 가리킨다.

연구자는 플로리다 주의 재판 판결에서는 인종에 따른 차이가 없다는 사실을 확인했다. 인종 차이가 없다는 것은 범죄의 중대성이나 범죄력 같은 조건을 동일하게 조정했을 때 백인도 흑인도 동등한 형벌을 선고받았다는 이야기로 그런 의미에서는 진보적 재판소라고 할 수 있다.

하지만 그 진보적인 재판관이 내린 판결을 피고의 얼굴 사진으로 비교하면 아프리카 기원인지 아닌지에 따라 형량의 길이를 예측할 수 있었다. 범죄의 중대성이나 범죄력을 맞추면 '아프리카 기원의 얼굴'인 피고는 그렇지 않은 피고보다도 더 엄중한 처벌을 선고받았던 것이다.

필라델피아의 재판 기록을 조사한 연구에서도 피고가 아프리카 기원의 얼굴에 가까울수록 사형 판결이 내려지는 경향이 있었다. 단 피해자가 백인인 경우이다. 아프리카 기원의 얼굴이 아닌 피고는 24%가 사형 판결을 받았는데 비해 아프리카 기원의 현저한 특징을 가진 피고의 경우 2배 이상인 58%가 사형 판결을 받았다.

미국 재판소는 인종의 차이에 따라 형량을 조정할 수 없다는 의미에서는 평등해졌다. 하지만 그런 한편에서 재판관들은 용모로 사람의 내면을 측정하려는 착각에 사로잡혀 얼굴 생김이 폭력적이라고 직감한 피고에게 무거운 형을 부과하고 있었다.

우리의 일상적인 판단은 이처럼 생김새에 크게 의존하고 있는 것이다.

아주 잔인한
미모 격차

외모에 따라 인생이 좌우된다는 사실은 누구나 알고 있다. 잘생긴 남자와 예쁜 여자는 모두에게 사랑받고 못생긴 사람들은 무시당한다. 그렇다면 미모의 경제적 가치는 얼마나 될까? 이런 의문을 떠올린 사람은 경제학자 대니얼 해머메시다.[52]

해머메시는 아름다움의 기준은 시대와 문화에 따라 다르지만 일종의 보편성이 존재한다고 말한다. 모든 사회에 공통되는 미의 기준은 대칭을 이룬 얼굴형과 부드러운 피부, 여성의 체형에서는 잘록한 허리다. 진화론적으로 이유를 살펴보면 얼굴 모양의 대칭이 무너졌거나 피부에 생긴 습진과 염증은 감염병의 징후를 의미하고, 허리가 불룩한 여성은 임신했을 가능성이 있다. 이 모든 조건은 자손을 남기는 데 장애가 되므로 진화 과정에서 건강한 이성이나 임신하지 않은 여성을 선호하는 프로그램이 뇌에 정착된 것이다.

정말 불쾌하기 짝이 없는 설명이다. 하지만 이 논리는 현재의 과학(진화생물학이나 진화심리학)에서는 표준적 이론이며 실험과 관찰 결과에 바탕을 둔 방대한 증거가 축적되어 있다. 물론 현대인의 아름다움에 대한 선호를 모두 진화로 설명할 수는 없다. 하지만 사람과 대부분의 유전자를 공유하는 침팬지나 보노보의 수컷은 젊은 '처녀'보다 출산 경험이 있는 연상의 암컷에게 더 매력을 느낀다. 귀중한 먹이와 섹스를 교환해야 한다면 건강한 아이를 낳을 능력이 증명된 상대가 더 '투자 효율'이 높기 때문이다. 확실히 이 설명이 진화론적으로는 더 합리적이다.

♣ 미인과 추녀의 경제 격차는 약 24만 달러

미모의 경제 효과를 추정하는 것은 현실에서는 어쨌든 이론상으로는 간단하다. 인종과 연령, 사회 계층, 학력 등 외모 이외의 조건이 모두 동일한 남녀를 모집해서 제3자에게 그들의 미모를 판정하도록 하고 순위를 매겨 수입의 차이를 조사하면 된다.

하지만 실제로 이런 조사는 불가능하므로 다양한 통계학적 조정과 유추 작업을 거치게 되는데 결론만 요약하면 다음과 같다.

미모 평가를 5등급으로 나누고 평균을 3점으로 했을 때 평균보다 높은 등급(4점 혹은 5점)의 여성은 평균 용모의 여성보다 수입이 8% 더 많았다. 반면 평균보다 낮은 등급(2점 혹은 1점)의 여성은 4% 수입이 적었다. 용모에 따른 수입의 격차는 분명히 존재하는 것이다. 이미 다들 알고 있는 사실이겠지만 말이다.

경제학에서는 이 현상을 미인은 8%의 프리미엄을 누리고 그렇지 않은 사람은 4%의 페널티를 지불한다고 설명한다. 페널티는 벌금을 의미하는데 그저 예쁘게 태어나지 않았다는 이유만으로 불이익을 당하는 셈이니 이것이야말로 차별 그 자체다.

이 프리미엄과 페널티는 구체적으로 어느 정도의 금액일까?

20대 여성의 평균 연봉을 3만 달러라고 하면 미인은 매년 2400달러의 프리미엄을 받고 그렇지 않은 여성은 1200달러의 페널티를 지불한다. 생각보다 격차가 크지 않다고 생각할 수 있다. 일반적으로 미인과 그렇지 않은 사람의 수입은 하늘과 땅만큼 차이가 난다고 생각하기 때문이다.

생애 총소득을 계산하면 이야기가 달라진다. 대졸 사원의 평생 소득(퇴직금 포함)이 200만 달러 정도라도 하면 미인은 평생 16만 달러 정도를 더 벌고 그렇지 않은 여성은 평균보다 8만 달러 손해를 보므로 미모 격차의 총액은 24만 달러(약 2억 8000만 원)나 되는 셈이다.

이 계산이 지나치게 단순하다고 생각할 수 있다. 미모도 고정불변이 아니다. 나이가 들면 퇴색하기 때문이다.

하지만 해머메시는 변호사 같은 직업에서 미모 격차는 연령과 함께 더 증가한다고 설명한다. 젊을 때 수입은 같지만 미모의 변호사는 더 좋은 고객을 확보하기 쉬우므로 나이가 들수록 그 경제 효과가 커지는 것이다.

노골적인 이야기지만 미모와 행복의 관계도 조사되었고 결과는 예상대로다. 미인은 더 좋은 배우자를 찾아 풍요롭고 행복한 인생을 손에 넣고, 그렇지 않은 여성은 못생긴 남성과 결혼해서 가난하고 불행한 인생을 사는 경우가 많다는 결과가 나왔다. 하지만 다행스럽게도(?) 이 차이도 일반적으로 생각하는 것만큼 크지 않아서 상위 3분의 1의 용모에 해당하는 사람이 자신의 인생에 만족하는 비율은 55%(즉 45%는 불만이라는 이야기)로 밑에서 6분의 1에 해당하는 용모라도 45%는 자신의 인생에 만족하고 있다. 이 결과를 긍정적으로 받아들인다면 미인이라도 절반 가까이는 불행하고, 못생긴 사람도 절반 정도는 행복하게 살아가고 있는 것이다.

이 미모 격차가 남성보다 여성에게 더 큰 심리적 압박이 된다는 사실은 분명하다. 이는 남성이 여성의 젊음이나 외모, 즉 생식 능력에 매력을 느끼기 때문인데 이로 인해 여성은 치열한 미의 경쟁에 내몰리게 된다.

반면 여성은 남성의 외모 외에도 사회적 지위나 권력, 자산에 매력을 느낀다. 이는 못생긴 남성도 노력을 통해 외모 핸디캡을 극복할 수 있다는 뜻이다. 그 결과 여성만이 미의 주술에 묶여 괴로움에 시달리게 된다. 과도한 다이어트나 거식증, 성형수술 같은 신체에 대한 폭력은 그야말로 '미의 음모'인 것이다.[53]

여기까지는 모두 아는 내용을 다시 학문적으로 검증했을 뿐 흥미롭지 않을 수 있다. 하지만 이야기는 지금부터 의외의 방향으로 전개된다.

⚚ 미모 격차의 최대 피해자

일반적으로 외모는 여성에게 더 중요한 문제로 여겨지므로 지금까지는 의도적으로 여성의 미모 격차를 다루었다. 그런데 해머메시는 여성보다 남성에게 더 큰 미모 격차가 발생한다는 사실을 발견했다. 물론 이 주장에는 충분한 설명이 필요하다.

우선 잘생긴 남성은 평범한 용모의 남성보다 수입이 4% 정도 많다. 여성의 미모 프리미엄이 8%였으니 그 절반에 해당하는 미남의 경제 효과는 그다지 크지 않은 편이다. 상식적인 이야기처럼 느껴진다.

놀라운 것은 용모가 떨어지는 남성의 경우다. 그들은 평균 남성에 비해 13%나 수입이 적었다. 예쁘지 않은 여성의 페널티가 4%였던 것을 감안하면 못생긴 남성은 그보다 3배 이상의 페널티를 지불하는 셈이다. 남성이 이 정도로 용모 때문에 차별을 받았던가? 또 이렇게까지 차별받는 이유는 무엇인가?

이 의문에 대해 해머메시는 모집단의 차이를 지적한다. 성인 남성의 8할 이상이 직업이 있지만 미국에서도 취업한 여성은 전체의 7할 정도다. 경제학적 관점에서 전업주부들이 노동 시장을 기피하는 이유는 기대 임금이 낮기 때문이다. 미모에 따른 임금 격차가 존재하는 이상, 전업주부를 선택한 여성이 미인이 아닐 가능성은 더 높다고 추정하는 것이다. 이것이 모집단의 차이를 가져왔다.

하지만 이것으로 남녀 간에 보이는 미모 격차의 차이를 모두 설명할 수 있을까? 좀 더 상식적인 설명을 찾아보자.

고용주는 남녀 구직자의 외모를 동일한 기준으로 판단하지 않는다. 여사원을 고용할 때 모델이나 접객 서비스업이라면 용모가 중요하지만 사무직이라면 그렇지 않은 경우가 많다. 반면 남자의 경우 잘생겼다고 채용하는 곳은 호스트 클럽 정도다. 그렇다면 고용주는 남성의 외모에서 어떤 부분을 신경쓰는 것일까?

그것은 아마도 폭력성일 것이다.

어느 사회든 여성보다 남성 범죄자의 비율이 압도적으로 높다.

일본에서도 형법범(살인·강도·폭행·절도·강간 등 형법이 규정한 범죄를 저지른 자) 중 여성의 비율은 15~20%에 불과하고 8할 이상이 남성이다. 강도, 상해, 폭행, 공갈 같은 폭력 범죄만 보면 남성의 비율은 90%를 넘고 젊을수록 범죄율이 높다. 이 정도로 성별 차이가 크면 고용주가 일할 사람을 찾을 때 젊은 남성의 폭력성에 주의하는 것은 당연하다. 하지만 이력서만으로는 누가 위험한지를 판별할 수 없으므로 폭력적인 외모의 청년부터 먼저 채용 후보에서 배제된다.

물론 인상이 나쁜 청년이 모두 범죄자는 아니다. 오히려 청년의 범죄는 용모와 거의 무관하다는 자료도 있다. 하지만 예외가 있다. '지극히 못생겼다'고 평가되는 일부 청년은 강도나 절도, 폭행을 저지를 가능성이 상당히 높다.

이런 사실을 해석할 때는 상당히 신중해야 한다. 못생긴 청년은 고용주의 차별 때문에 노동 시장에서 쫓겨나 범죄자의 길을 택할 수밖에 없었는지도 모른다. 하지만 현재로서는 남성 호르몬인 테스토스테론이 폭력성과 높은 상관관계가 있고 게다가 그 영향이 외모에 발현된다는 사실이 밝혀졌다. 태내에서 고농도 테스토스테론에 노출된 남성은 사춘기가 되면 테스토스테론 농도가 상당히 높아진다. 그 결과 얼굴에 나타나는 위압감과 폭력적 분위기를 우리는 무의식중에 알아차리고 철저히 경계하는 것이다.

☂ 회사의 실적을 올리는 경영자의 얼굴

미의 주술에 사로잡힌 것은 여성이지만 뜻밖에도 미모 격차의 최대 피해자는 못생긴 남성이었다. 하지만 이야기는 여기서 또 한 번 반전된다.

미국 터프츠 대학교의 니콜라스 룰과 날리니 암바디는 'CEO의 얼굴만 보고 회사 수익을 예측할 수 있을까?'라는 말도 안 되는 의문을 떠올렸다. 실험 참가자에게 2006년 《포춘》이 선정한 미국 500대 기업 중 상위와 하위 각 25개사, 합계 50개사의 남성 CEO의 얼굴 사진을 보여주고 다음 세 항목을 평가하도록 했다.[54]

① 힘: CEO의 능력, 통솔력, 얼굴의 성숙도를 통해 판정
② 따뜻함: CEO의 호감도, 신뢰도를 통해 판정
③ 리더십: 이 인물은 회사를 성공적으로 운영할 수 있을까?

실험 참가자들은 CEO와 기업의 실적에 대해 아무것도 모르는 상태였다. 그럼에도 실험 참가자들은 힘과 리더십의 인상만으로 각 회사의 수익을 지극히 정확하게 예측해냈다. 따뜻함은 실적과 관계가 없었다. 이 실험 결과는 CEO의 단정한 용모, 표정, 연령을 서로 조정해도 변함이 없었다.

다음으로 룰과 암바디는 CEO의 사진을 볼 때 실험 참가자들의 뇌 MRI 사진을 촬영해서 어느 부위가 활동하는지 조사했다. 그 결과 수익이 낮은 회사 CEO의 사진을 볼 때보다 고수익 회사의 CEO를 볼 때 뇌의 좌측에 있는 편도체의 움직임이 눈에 띄게 활발해진다는 사실을 알아냈다.

편도체는 희로애락의 감정을 관장하는 부위다. 고수익을 내는 회사의 CEO 얼굴에는 사람의 감정을 움직이는 무언가가 있는 것이다. 그것은 도대체 무엇일까?

위스콘신 대학교의 연구팀은 그 답을 구하기 위해 포춘 500대 기업의 남성 CEO 55명의 사진을 조사했다. 그 결과 얼굴의 길이에 비해 너비가 넓은 CEO의 회사 수익이 높다는 사실을 알 수 있었다.

앞장에서 설명했듯이 어머니의 태내에서 고농도의 테스토스테론에 노출된 남성은 얼굴 너비가 넓어진다. 이런 남성은 성인이 된 이후에도 테스토스테론 수치가 높아 공격적이고 폭력적인 경향이 강하다. 이는 다른 말로 하면 모험심이 풍부하고 경쟁심이 강하고 승리에 집착하는 리더십이라고 할 수 있다.

위 실험의 결과, 경영자의 얼굴과 회사 실적의 상관관계에 대해 다음의 2가지 가능성을 생각할 수 있다.

하나는 태어날 때부터 테스토스테론 수치가 높으면서 동시에 유복한 가정 환경과 타고난 높은 지능으로 혜택 받은 남성은 자극을 쫓아 범죄나 폭력을 저지르는 것이 아니라, 자신의 재능을 정치나 비즈니스 경쟁에서 이기는 일에 사용하려 한다는 것이다. 한편 마찬가지로 높은 지성을 가지고 있어도 테스토스테론 수치가 낮은 갸름한 얼굴의 남성은 승리에 대한 집념이 부족해서 출세 경쟁에서 탈락하기 쉽고, 설사 CEO가 되었다고 해도 회사 실적을 크게 향상시키지 못한다.

또 다른 가능성은 우리 모두는(즉 부하, 거래처, 소비자 등)은 테스토스테론 수치가 높은 남성을 무의식중에 리더로 인정한다는 점이다. 얼굴이 넓적하고 정력적인 남성은 공격적이고 폭력적으로 보이므로 사람들은 공포와 동시에 외경심을 품는다. 이런 남성을 상대할 때 자신을 지킬 수 있는 최선의 방법은 무릎을 꿇고 부하로서 충성을 맹세하는 일이다. 어떤 유형인지 알고 싶다면 GE 전 CEO인 잭 웰치의 사진이나 동영상을 보기 바란다. 그에 반해 얼굴이 길고 갸름한 CEO는 높은 지위에 올라가도 사람들로부터 리더로 인정받지 못해 경영에 실패한다.

테스토스테론은 연령과 함께 감소하지만 개인에 따라 정도 차이가 크다. 정력적인 남성은 나이가 들어도 수치가 떨어지지 않고 일도 성생활도 활발하다. 테스토스테론 수치는 지위에 따라서도 달라진다. 침팬지의 테스토스테론 수치를 측정한 결과, 무리에서 리더가 되면 큰 폭으로 상승하지만 리더 경쟁에서 패하면 급속도로 떨어진다. 현역으로 활약하던 사람이 일단 은퇴하면 갑자기 늙는 이유도 이러한 효과 때문일지도 모른다.

테스토스테론 수치가 높은 남성은 경쟁을 좋아하고 지위가 높아 질수록 테스토스테론 수치는 더 상승해서 매력과 경외심이 늘어나므로 부하들은 무조건 지시에 따르게 된다. 이는 원맨 경영의 창업자에게 흔히 볼 수 있는 특징으로 이런 독재자 유형의 리더가 혁신적이고 적확한 경영 판단을 내리면 기업의 실적은 크게 향상된다. 반대로 잘못된 판단을 제어할 사람이 없으므로 회사가 파국으로 치달을 가능성도 높다.

그런 의미에서 이 흥미로운 실험에는 생존자 편향[55]이 현저하게 작용한다. 포춘 500대 기업에 선정되었다면 모두 일정 수준 이상으로 성공한 회사이므로 그 중에서 테스토스테론 수치가 높은 리더를 찾으면 모험이 성공했으니 하이리스크·하이리턴의 법칙에 의해 안정 경영을 지향하는 회사보다 수익성이 높은 것은 당연할 것이다.

⚶ 용모 차별을 낳는 시장 원리

테스토스테론 같은 호르몬이 성격(내면)과 외모에 동시에 영향을 미친다고 하면 용모에 의한 '차별'을 나름대로 정당화할 수 있는 근거가 된다. 하지만 아름다움이란 좀 더 복잡 미묘해서 유전적인 운에 좌우되는 경우가 많다.

근대 사회에서는 인종과 성별, 출생처럼 개인의 노력으로는 어찌해볼 도리가 없는 조건으로 인해 차별받는 일은 금지되었다. 그렇다면 타고난 미모 격차도 차별로 인정하고 법으로 규제해야 마땅하지 않을까?

미국에서는 용모로 인한 차별을 고발한 소송이 많다. 유명한 것이 플레이보이 클럽에서 나이를 이유로 해고당한 전 바니걸의 재판이다. 고소인은 '자신은 한때의 귀여운 용모에서 성숙한 여성의 용모로 생리적으로 변했다'고 주장했지만 판결에서는 '연령에 따른 혹은 회복 불가능한 용모의 결함으로 인해 바니걸의 이미지를 상실했다'는 플레이보이 측의 주장이 인정되었다.[56] 이러한 판결은 다른 재판에서도 마찬가지로, 배우나 모델처럼 용모로 채용여부를 결정할 수밖에 없는 직업인 이상 어쩔 수 없는 일이기도 하다.

이 문제에 대해 해머메시는 '용모의 평등'이라는 비현실적인 이상을 추구하기보다 미모 격차에 관해서도 소수집단 우대정책의 적용을 검토하도록 제언했다. 인종 차별의 역사로 인해 불이익을 당하는 흑인에게 대학의 특별 입학 정원을 마련하는 것과 마찬가지로 용모 때문에 불이익을 당하는 사람들에게 국가가 보조금을 지급하는 것이다. 그 기초 자금은 당연히 잘생긴 사람들이 부담해야 한다.

하지만 이 참신한 제안도 실현되기는 어려울 것이다. 스스로 못생겼다고 인정하고 보조금을 받으려는 사람도 없으려니와 만일 있다면 틀림없이 현재보다 더 심한 차별과 비난을 받을 것이기 때문이다.

그렇다면 해머메시는 왜 이런 황당한 주장을 했을까?

우리는 흔히 용모를 기준으로 임금이나 승진을 결정하는 것은 기업과 경영자에 의한 인종 차별이라고 생각한다. 틀린 이야기는 아니지만 이런 차별의 근본적인 이유는 영업직이나 서비스업 현장에서 잘생기거나 아름다운 직원의 수익성이 확실히 더 높기 때문이다. 시장 원리에 따라 잘생기거나 아름다운 직원은 정당한 보수를 얻고 있을 뿐이다.

왜 이런 일이 발생하는가. 그것은 당연히 소비자가 잘생기거나 예쁜 직원에게 상품을 구매하거나 서비스를 제공받고 싶어 하기 때문이다. 우리는 미모 격차를 비판하지만 그로 인한 차별을 유발하는 것은 바로 우리 자신이다.

08

남녀평등이 가로막는
여성의 행복

♣ 남자와 여자는 다르게 태어난다

2011년 6월, 일본의 디엔에이(DeNA) 창업자인 난바 도모코는 스스로 사장 자리에서 물러났다. 하버드에서 MBA를 취득하고 대기업 컨설팅 회사를 그만둔 뒤, 벤처 기업을 창업한 지 10년 만에 매출 1000억 엔이 넘는 상장 기업을 일군 성공한 여성 CEO의 갑작스런 은퇴 이유는 '남편 간병으로 사장 업무에 전력을 다할 수 없게 되었다'는 것이었다.

은퇴하기 두 달 전, 남편이 암을 선고받은 당시를 난바 도모코는 이렇게 회상했다.

"그 순간 저에게는 평생 찾아오지 않으리라 믿었던 심경의 변화가 일어났습니다. 지금까지 내 인생은 모두 이때를 위해 존재한 것이 아닐까. 그런 생각이 들었습니다. 아무 망설임 없이 제 인생의 최우선 순위가 일에서 가정으로 바뀌어버린 것입니다."

사실 미국에서는 이런 사례가 드물지 않다.

부시 정권의 홍보 담당이던 캐런 휴즈는 '가족들이 향수병에 걸려 고향인 텍사스로 돌아가고 싶어 한다'는 이유로 백악관을 떠났다. 북미 펩시콜라의 CEO 브렌다 반스도 가족과 함께 일리노이로 돌아가기 위해 퇴임했다. 파키스탄 대사로 임명된 웬디 챔벌레인은 '보안상의 이유로 어린 딸들을 만날 수 없다'고 요직을 사임했다.

2003년 뉴욕 타임스의 여기자 리사 벨킨은 사회적 성공을 손에 넣은 고학력 여성들이 속속 가정으로 돌아가는 현상에 대해 기사를 썼다. 벨킨은 이를 드롭아웃(Drop out), 즉 도태가 아니라 '자발적 이탈'이라고 명명했다.

해당 여성들은 다음과 같이 말한다.

"남들보다 빨리 유명 로펌에 들어가려고 경쟁할 생각은 없습니다. 누군가에게는 성공을 의미하겠지만 저한테는 아니에요."

"유명해지려는 것도 세계를 정복하고 싶은 것도 아닙니다. 그런 인생은 딱 질색이니까요."

벨킨의 기사가 큰 반향을 일으킨 이유는 이 현상의 원인을 '남자와 여자는 태어나면서부터 서로 다르기' 때문이라고 설명해서다. 이는 여성 차별을 정당화하는 논리이므로 새로운 세기를 맞이한 미국에서조차 입 밖에 내서는 안 되는 말이었다.

⁂ 남자와 여자는 서로 다른 것을 본다

지금부터 약 20년 전, 미국의 심리학자인 레너드 삭스는 초등학교 2~3학년 남자아이들이 종종 엄마 손에 이끌려 정신과 진찰을 받으러 온다는 사실을 깨달았다. 어머니들은 모두 학교에서 같은 통지를 받고 병원을 찾았는데 그 내용은 아들이 'ADHD가 의심된다'는 것이었다.

ADHD(주의력 결핍 과잉행동 장애)는 과잉 행동, 부주의, 충동성 등을 특징으로 하는 신경발달 장애의 일종으로 초등학교 교실에서 가만히 앉아 있지 못하는 남자아이의 전형적인 질병으로 여겨졌다. 이 병에는 집중력을 높이는 리탈린(메틸페니데이트)라는 중추신경자극제가 효과적으로 알려져 대량으로 처방되었는데, 약의 성분 구성이 암페타민, 즉 각성제나 마약과 거의 동일하다. 아이에게 각성제를 투여하면 잠시 수업에 집중하는 것처럼 보일 수 있다. 하지만 이것을 과연 치료라고 할 수 있겠는가.

미국 유아 교육 수업에서는 아이들은 다양한 색을 써서 표정이 풍부한 인물을 그리도록 지도 받는다. 하지만 ADHD로 진단 받은 남자아이들은 선생님의 지시를 무시하고 로켓이나 자동차를 그리기 일쑤다.

삭스는 그 이유가 남자아이에게 결함이 있어서가 아니라 눈의 구조가 여자아이와 달라서라고 설명했다.

모빌은 종이나 플라스틱, 금속판으로 다양한 모양을 만들어 실이나 막대기로 늘어뜨린 장식물이다. 이 모빌을 아기 침대 위에 달아놓고 동시에 젊은 여성이 웃으면서 갓난아기를 바라보면 남자 아기는 흔들리는 모빌을 보고 싶어 하지만 여자 아기는 여성의 얼굴을 보려고 한다. 여자아이는 태어나면서부터 인간의 얼굴에 흥미를 가지는 반면 남자아이는 태생적으로 움직이는 것에 흥미를 느끼는 것이다.

이 차이는 어디서 생기는 것일까?

망막에는 간상체에 반응하는 M세포(대세포)와 원추체와 연결된 P세포(소세포)가 있다.

간상체는 단순한 움직임을 탐지하는 장치로 망막 전체에 분포하며 시야 어디에 있는 물체도 추적할 수 있다. 반면 원추체는 시야의 가운데 모여 있으며 대상의 질감과 색감에 반응한다.

간상체로 입수된 정보는 M세포를 통해 사물의 움직임을 분석하는 대뇌피질 부위로 보내진다. 반면 원추체로 들어온 정보는 P세포를 통해 대상의 질감과 색채를 분석하는 부위로 보내진다.

망막에도 성별 차이가 뚜렷하다. 남자의 망막은 여자보다 더 두터운데 그 이유는 크고 두꺼운 M세포가 넓게 분포하기 때문이다. 반면 여자의 망막은 작고 얇은 P세포가 차지하고 있어서 남자에 비해 상대적으로 얇다.

아이들에게 흰 종이와 크레용을 주고 좋아하는 대상을 그리라고 하면 여자아이는 대부분 빨강, 주황, 초록, 베이지처럼 '따뜻한 색'을 써서 인물 혹은 애완동물이나 꽃, 나무를 그린다. 한편 남자아이는 검정, 회색 같은 '차가운 색'을 써서 폭발하는 로켓이나 누군가를 잡아먹으려는 외계인, 충돌 직전의 자동차처럼 움직이는 대상을 표현한다. 이런 차이는 부모와 교사가 남자답거나 혹은 여자다운 그림을 그리도록 가르쳐서가 아니다. 타고난 망막과 시신경의 구조 차이로 인해 색채 사용이나 그리는 방법, 대상에 대한 선호도가 달라서 그렇다.

그런데 미국이나 일본의 유치원 선생님은 대부분 여성으로 남자아이들의 특성을 잘 알지 못한다. 그 결과 아무리 열심히 가르쳐도 여자아이들처럼 따뜻한 색을 사용해 인물 그림을 그리지 못하는 남자아이들은 어딘가 이상하다고 판단되고 졸지에 치료 대상이 되고 만다.[57]

♣ 남자다움과 여자다움의 정체

뇌 조직에도 성별에 따른 뚜렷한 차이가 존재한다. 그 사실은 뇌졸중과 언어기능의 관계를 통해 밝혀졌다. 뇌의 좌반구에 뇌졸중이 발생한 남성은 언어성 지능이 평균 20% 저하되었지만 우반구에 뇌졸중이 일어난 경우에는 언어성 지능의 저하가 거의 보이지 않았다. 반면 뇌의 좌반구에 뇌졸중을 일으킨 여성은 언어성 지능이 평균 9% 저하했고, 우반구의 경우도 11% 정도 떨어졌다. 여성의 경우 좌반구와 우반구에 큰 차이가 보이지 않았다.

남성의 경우 뇌 기능이 세분화되어 언어 기능을 사용할 때 우뇌를 거의 쓰지 않지만, 여자는 뇌 기능이 광범위하게 분포되어 있어서 뇌의 양쪽 반구를 모두 사용한다.[58]

이러한 뇌의 기능적 차이는 흥미나 관심, 지능과 감정 등 다양한 면에 영향을 미친다.

서구에서도 자연과학 분야에서 박사 학위를 취득한 여성의 비율은 10%를 밑도는데 특히 물리학과 공학(엔지니어링) 분야는 5%에도 미치지 못한다. 이러한 현상은 지금까지 학계의 성차별 증거로 여겨졌지만, 생물학의 경우 여성 연구자의 비율이 25%까지 올라가는 이유는 아무도 설명하지 못했다.

이 의문에 대해 캐나다의 심리학자 도린 키무라는 자연과학 분야의 남녀 편중 현상은 여성의 뇌가 물리학보다 생물학에 적합하기 때문이라고 답했다. 태아기부터 남성은 테스토스테론, 여성은 에스트로겐 같은 성호르몬이 뇌 형성에 영향을 미친 결과, 남자는 공간 파악과 수학적 추론 능력이 발달하고 여자는 언어 유창성이 뛰어나다는 것이다. 결국 여성 연구자는 스스로의 합리적 판단에 따라 자신이 더 잘하는 분야로 진출했을 뿐이다.[59]

영국의 심리학자 사이먼 배런코언은 남성 뇌의 특징은 체계화하기, 즉 시스템화(systemizing)에, 여성의 뇌는 공감하기(empathizing)에 뛰어나다고 설명했다.[60] 컴퓨터 프로그래머가 대부분 남성이고 간호사나 간병인에 여성이 많은 이유는 뇌의 이러한 생리적 구조로 인해 좋아하는 일이 서로 다르기 때문이다.

시몬 드 보부아르는 '사람은 여자로 태어나는 것이 아니라 여자로 길러진다'고 했다. 하지만 가정과 학교에서 성차별적인 교육이 여성다움을 강제로 기른다는 보편화된 이 가설은 대규모 사회 실험에 의해 부정되었다.

키부츠는 이스라엘의 실험적 공동체다. 아이들은 어릴 적부터 부모와 떨어져 기숙사에서 생활하며 훈련된 보육 전문가들이 남녀를 구별하지 않고 동일한 방식으로 아이들을 가르친다. 성별과 계급의 벽이 없는 '유토피아'에서 자란 아이들은 장래 직업도 남녀 구별 없이 절반씩 선택할 것으로 예상되었다.

하지만 인류학자 라이오넬 타이거와 조지프 쉐퍼[61]가 1970년대에 키부츠에서 자란 3만 4000명의 생활을 조사한 결과 의외의 사실이 밝혀졌다. 키부츠에서는 남녀의 역할 분담이 균등해지도록 시도한 지 4세대가 지났지만 여성의 7~8할은 인간을 상대로 하는 직업, 특히 보육과 교육 분야에 집중되었고, 대부분의 남성은 농업이나 공장, 건설, 건물의 신축과 수리와 관련된 직업을 선택했다. 더욱 기묘한 일은 키부츠 생활이 길수록 성별에 따른 분업 경향은 더 뚜렷이 나타났다.

조사 결과를 바탕으로 연구자들은 다음과 같이 설명했다.

"통계 자료에 나타난 결과는 정말 놀라웠다. 남녀는 별개의 공동체에서 지내면서 숙소로 돌아왔을 때만 서로 얼굴을 보는 듯했다. 마치 두 곳의 다른 마을을 조사한 것 같았다. 남녀가 현재 선택한 직업은 물론, 앞으로 하고 싶은 일도 같아지기는커녕 점점 더 나뉘는 강력한 경향이 전반적이고 또 누적되어 나타났다. 이 사실은 과거 특정 키부츠를 조사한 연구자들과 마찬가지로 우리도 전혀 예상하지 못했다."

'남자는 물건을 대상으로 하는 직업을, 여자는 사람과 관계된 일을 선호한다'는 키부츠의 대규모 사회 실험의 결과는 남녀의 성향 차이가 남성 중심적인 환경이 아니라 뇌의 유전적이고 생리적인 차이 때문이라는 사실을 나타낸다. 결국 남자다움이나 여성스러움은 진화가 만들어낸 뇌의 프로그램인 것이다.

♣ 모성애의 근원, 옥시토신

여성은 왜 양육에 이끌리는 것일까? 생물학계에서는 진화 과정에서 그 행동이 강화되었기 때문이라고 답한다.

여성이 아이에게 수유를 하고 돌보면 뇌에서 옥시토신이라는 호르몬이 분비된다. 모르핀과 같은 효과를 지닌 옥시토신 덕분에 양육 과정에서 여성은 충만한 행복감을 느낀다.

어느 여성 신경의학자는 이것을 마약의 금단 증상에 비유했다. 수유 중에는 진통 작용과 쾌감 유발 작용을 하는 옥시토신이 몇 시간 간격으로 엄마의 뇌를 가득 채우지만 아이를 두고 일하러 가면 옥시토신의 공급이 끊긴다. 그 때문에 수유중인 엄마들은 빨리 집으로 돌아가 아이를 보살피고 싶어 안절부절 못하는 것이다.

모성과 호르몬의 관계에 대해 더 충격적인 연구 결과도 있다.

쥐를 이용한 실험에서는 어미 쥐에게 코카인과 새끼 쥐에 대한 수유 중 한쪽을 선택하도록 하면 수유를 택한다. 어미 쥐의 모성애는 코카인의 유혹을 물리칠 정도로 강한 것이다.

하지만 왜 이러한 행동이 진화 과정에서 선택되었을까? 사실 어미 쥐에게 코카인을 주입하면 수유나 양육을 그만두어버린다. 코카인이 모성 행동을 관장하는 신경회로의 작용을 방해하기 때문에 코카인의 자극을 좋아하는 어미 쥐는 새끼 쥐를 잘 키우지 못한다. 그러므로 교활한 진화 프로그램은 코카인보다 강력한 체내약물을 어미 쥐에게 제공한 것이다.

남성의 행동과 성격에 성호르몬인 테스토스테론이 큰 영향을 미친다는 사실은 잘 알려졌지만 옥시토신의 작용은 아직 완전히 해명되지 않았다. 현재로서는 옥시토신이 수유나 육아만이 아니라 분만이나 섹스의 오르가슴 상태에서도 분비된다는 사실이 알려졌다.[62] 섹스 중독이나 호스트 클럽에 빠진 여성의 애정 중독은 유아기나 사춘기의 가정 환경, 혹은 성적 학대가 원인으로 추정되었지만 어쩌면 수유와 마찬가지로 '체내 약물'의 금단 증상인지도 모른다.

진화생물학자인 리처드 도킨스는 모든 생물은 유전자를 효율적으로 복제하기 위한 운반자라고 설명했다. '이기적인 유전자'는 성교와 출산, 수유, 육아 행위에 막대한 보상을 제공하고 그로 인해 느끼는 행복감으로 '모성애의 착각'을 낳아 후세에 더 많은 유전자를 남기려는 것이다.

♣ 남녀의 서로 다른 행복 우선순위

어느 사회에서도 일반적으로 여성의 평균 수입은 남성보다 낮으며 조직의 리더가 된 인원도 많지 않다. 하지만 선진국에서 남녀의 직업 만족도를 조사하면 시대를 불문하고 일관되게 여성이 더 높다. 한편 영국의 여성 공무원 2만 5000명을 대상으로 한 조사를 보면, 1990년대 전반 이후부터 여성의 업무 만족도가 점차 떨어지고 있지만 남성은 거의 변함이 없다.

여성이 남성과 다른 직업 선택을 하던 시대에는 여성이 남성보다 만족도가 높았다. 하지만 남녀평등으로 인해 여성의 사회 진출이 늘어나자 인생에 대한 만족도가 남성과 마찬가지 수준으로 떨어지고 만 것이다.

이 기묘한 현상을 해석하기 위해 다양한 설명이 시도되었다. 그 중 하나는 아무리 고학력이라도 여성은 남성에 비해 자신감이 부족하다는 것이다.

MBA 학위를 목표로 하는 미국 명문대 학생을 대상으로 회사에서 연봉을 협상하는 모의실험을 실시했다. 그런데 협상에 도전하는 여성은 남성의 4분의 1에 불과했다. 또 협상을 한다 해도 제시하는 금액이 남성보다 30%나 낮았다. 영국의 비즈니스 스쿨에서 졸업 후 5년 뒤, 자신에게 합당한 수입을 물었더니 남성은 평균 8만 달러인데 반해 여성은 6만 4000달러였다. 학력 사회의 정상에 서 있는 여성들조차 자신의 가치를 남성보다 20% 낮게 측정한 것이다.

여성들의 이러한 '자신감 결여'는 지금까지 가정이나 학교에서 이루어진 성차별적인 교육 탓으로 여겼지만 지금은 유전자의 영향을 의심하고 있다.

세로토닌은 신경전달물질의 일종으로 부족하면 불안감이 심해지고 우울증에 걸릴 위험이 높아진다. 세로토닌을 운반하는 유전자는 2개의 짧은 유전자로 구성된 SS형, 짧은 것과 긴 것이 1개씩 들어 있는 SL형, 긴 유전자가 2개인 LL형이 있는데, 긴 유전자가 세로토닌을 운반하는 효율성이 더 높다. 사회 구조가 사람과 유사한 붉은털원숭이 중에 LL형 원숭이는 적극적으로 위험을 감수하는 리더로 성장하지만 SS형의 원숭이는 불안감이 심해서 어미에게 찰싹 달라붙어 있다. 유전자의 형태에 따라 자신감이 크게 달라지는 것이다.

세로토닌 전달유전자의 분포 자체는 남녀 간에 크게 차이가 없지만 SS형 유전자를 지닌 여성은 남성에 비해 뇌 속 세로토닌의 농도가 52%나 낮았다. '염려증'의 변이체를 가진 여성은 굉장히 심한 불안을 느낀다. 이런 여성에게 조직 속에서 겪어야 하는 출세 경쟁은 고통스러울 뿐이다.[63]

최신 유전학과 뇌과학의 지식은 남자와 여자는 타고난 '행복의 우선순위'가 다르다는 사실을 시사한다. 남성은 경쟁에서 이길 때

만족감을 느끼지만, 여성은 가정과 멀어지면 인생의 만족도가 크게 떨어진다.

이것은 여성이 진화와 유전의 희생자라는 이야기가 아니다.

구소련에서는 물리학과 공학 분야에 진출한 남녀 성비가 거의 동일했는데 이는 국가가 직업 선택의 자유를 빼앗고 강제적으로 엔지니어를 육성한 결과였다.

이런 '평등한 사회'보다 높은 지능과 공감 능력을 지닌 여성이 유능한 의사나 변호사, 교사, 간호사나 간병인으로 활약할 수 있는 자유로운 사회가 더 낫다는 사실은 분명하다.

진화심리학은 결코 여자는 여자다운 일을 해야 한다든지 여자는 집안일이나 육아를 하도록 진화했다고 주장하지 않는다. 우리 사회에 필요한 것은 남녀의 성적 차이를 이데올로기로 부정하는 일이 아니다. 차이를 인정하고 남녀 누구나 행복한 인생을 살아갈 수 있는 제도를 만드는 일이다.

여학교에는 왜 원치 않는 임신이 적을까?

남자와 여자의 뇌는 천성적으로 차이가 난다. 그 때문에 사물을 보는 방식이나 소리를 듣는 방법, 노는 법, 공부하는 법, 세상을 이해하는 법이 다르다. 그렇다면 각각의 적성에 맞는 학교에 분리되어 교육하는 편이 훨씬 더 자연스러울지 모른다.[64]

캐나다 몬트리올의 저소득층 지역에 있는 공립 남녀 공학에서는 교장의 재량으로 남녀 학생의 반을 분리했다. 그 결과 무단결석은 3분의 1로 줄었고 표준 시험 점수는 15%나 올라 대학 진학률도 거의 배로 상승했다. 그뿐 아니라 이 '개혁'으로 10대의 임신이 눈에 띄게 감소했다. 이전까지 매년 평균 15명 정도였던 것이 2명 남짓으로 줄어든 것이다.

여학교에서는 공학에 비해 학생 본인이 원하지 않는 임신이 적다. 하지만 이는 일반적으로 생각하듯 여학교 학생들이 공학에 비해 남자아이와 데이트할 기회가 없기 때문은 아니다. 여러 조사에 의하면 여학교 학생의 데이트 기회는 공학의 여학생에 비해 결코 적지 않다.

그렇다면 왜 여학교 학생은 원하지 않는 임신을 피할 수 있을까? 그것은 남녀 공학과 여학교는 학생 관계의 존재 방식이 서로 다르기 때문이다.

공학에서 남학생과 여학생은 각자의 그룹에서 차지하는 지위에 따라 만나는 상대를 선택한다. 그룹에서 가장 인기가 있는 남자아이는 마찬가지로 그룹에서 가장 인기 있는 여자아이와 사귀는 식이다.

이런 식의 교제에서는 여학생의 남자 친구는 여학생 그룹의 일원이 된다. 마찬가지로 남학생에게 여자 친구가 생기면 그 여자 친구는 남학생이 소속된 그룹에 소개된다. 이처럼 교제가 그룹 단위로 이루어지므로 어디를 가든 무엇을 하든 모두 다 같이 움직인다.

이런 상황은 특히 여학생에게 많은 부담을 준다. 만일 남자 친구에게 차이기라도 하면 즉시 그룹 전원이 알게 되고 여학생 간의 관계, 즉 학교에서의 사회적 지위가 위험해지기 때문이다.

한편 남학생도 다른 친구들은 모두 여자 친구와 성관계를 가지는데 자기만 못하고 있으면 그룹 내 지위가 위험해진다. 따라서 그 남학생은 '사랑의 증거'를 집요하게 요구하게 된다. 왜냐하면 자기 여자 친구의 친구들은 남자 친구에게 성관계를 허락하고 있기 때문이다. 그룹 속의 친구 관계를 망치지 않으려면 여학생은 남자 친구의 요구를 받아들일 수밖에 없다. 공학에서는 이러한 '사회 압력'이 원하지 않는 임신으로 이어진다.

그에 반해 여학교에서는 각자 다른 그룹의 남자들과 사귀므로 이성 교제는 지극히 개인적인 일이 된다. 서로에게 남자 친구가 생겼다는 사실은 알지만 매일 학교에서 그 남자아이의 얼굴을 보는 것이 아니므로 크게 관심을 두지 않는다.

그 결과 여학교의 여자아이는 성적 의사 결정에서 자율성을 지킬 수 있다. 남자 친구의 섹스 요구를 거절해도, 혹은 남자 친구에게 차이더라도 학교 친구들의 관계는 변하지 않는다.

우리는 줄곧 남녀평등이란 남자아이와 여자아이를 똑같이 취급하는 것이며, 남녀 공학에서 동일한 교육을 받아야 한다고 생각했다. 이슬람 세계처럼 여성에 대한 차별이 사회적 규범으로 굳어진 지역도 있으므로 일리가 없지는 않다.

하지만 남자아이와 여자아이의 차이가 타고나는 것이라면, 진정한 남녀평등의 사회를 만들기 위해서는 오히려 남자아이와 여자아이를 따로따로 다루어야 할지도 모른다.

배우자 선택과
섹스의 잔인한 현실

정신분석학을 창시한 프로이트는 사람들이 성적 욕망을 무의식적으로 억압한다고 생각했다. 프로이트의 주장대로라면 아들은 어머니와의 성교를 원하지만 아버지에게 욕망을 억압당하고 거세의 공포에 떤다. 이른바 오이디푸스 콤플렉스다.

지금은 이런 이야기가 말도 안 된다는 사실을 잘 알고 있다. 근친혼은 유전학적으로 지극히 불리한 생식 방법이므로 사람뿐 아니라 양성 생식을 하는 종은 모두 어떤 방법으로든 혈연도가 높은 이성과의 섹스를 피한다.

이스라엘의 생활 공동체인 키부츠에서는 아이가 태어나면 부모와 떨어져 탁아소에서 공동으로 자란다. 여기서 함께 자란 소꿉동

무들끼리 결혼하는 일은 거의 없다. 타이완이나 중국 일부 지역에서는 혈연관계가 없는 여자아이를 입양해서 아들과 함께 기른 뒤 나이가 차면 며느리로 맞이하는 풍습이 있다. 조사 결과 여자아이는 대개 결혼에 저항하며 부부가 되더라도 이혼율이 평균보다 3배나 많았고 자녀 수는 40% 적으며 불륜이 일어나는 경우도 많았다. 인간에게는 '유년 시절을 함께한 이성에게는 성적 관심을 품지 않는다'는 본성이 심어져 있는 것이다.[65]

오이디푸스 콤플렉스는 프로이트 이론의 근간이지만 잘못된 이론이므로 정신분석은 어디까지나 유사 과학에 지나지 않는다. 단 프로이트는 우리 인간에 대해 지극히 중요한 사실을 통찰하고 알려주었다. 바로 인간이 '성'에 사로잡혀 있다는 것이다.

♣ 일부다처제 vs 일부일처제

동물학자들은 인간의 성 행동이 상당히 특이하다는 사실을 일찌감치 발견했다.

대다수의 포유류는 배란기가 되면 암컷의 생식기가 빨갛게 변색하는 등 다양한 방식으로 교미를 유혹하고 수컷은 이를 보고 발정한다. 암컷이 수태하지 못하는 시기라면 수컷은 교미에 관심이 없다. 진화의 적응이라는 관점에서 생식에 불필요한 일은 하지 않는 이 시스템은 상당히 합리적이다.

그런데 인간의 암컷은 배란을 은폐해서 생식 가능 여부에 상관없이 섹스할 수 있도록 진화했다. 암컷의 배란기를 알 수 없는 수컷은 언제 어디서든 발정해서 섹스를 요구하게 되었다. 성에 대한 이러한 집착이 인간의 지능을 진화시키고 문화를 탄생시켰다고 생각하는 연구자도 많다.

프로이트 이론을 대신해 인간의 성에 관한 새로운 정설로 대두된 학문은 진화생물학이다. 리처드 도킨스는 인간을 포함한 모든 생물은 후세에 더 많은 유전 정보를 남기도록 진화하는 과정에서 최적화된 '유전자를 운반하는 수단'이라고 설명했다.[66] 모든 생물은 자신의 유전자를 최대한 많이 복제해서 남기기 위해 다른 생물과 복잡한 게임을 치른다. 유전자를 '화폐', 환경을 '시장'이라고 한다면 게임은 결국 시장에서 유전자라는 화폐를 최대한 늘리려는 '경제학'으로 볼 수 있다. 이런 논리로 생물학에 경제학을 도입한 것이 미국의 진화생물학자인 로버트 트리버스다.[67]

포유류는 번식 과정에서 수컷과 암컷이 투자하는 비용이 크게 차이가 난다. 수컷의 정자 방출은 거의 비용이 들지 않지만 암컷은 임신한 뒤 일정 기간 동안 자궁에서 새끼를 품고, 출산한 뒤에도 어느 시기까지는 수유를 해야 하므로 아이 1명(1마리)에 들어가는 투자액은 수컷보다 훨씬 크다. 이러한 비용과 수익의 구조 차이 때문에 수컷은 가능한 한 많은 수의 암컷과 교미하려 들지만, 암컷은 귀중한 난자와 자원을 최대한 유용하게 쓰려고 상대를 까다롭게 고를 수밖에 없다.

이런 조건 아래서는 당연히 무리 중에서 가장 강한(뛰어난 유전자를 지닌) 수컷이 암컷을 독차지한다. 바다코끼리나 붉은사슴부터 고릴라까지 일부다처제가 동물계에서 흔한 이유는 암컷이 유전적으로 뒤떨어진 수컷과 교미할 이유가 어디에도 없기 때문이다.

단 인간은 아이가 혼자 힘으로 살아갈 수 있을 때까지 상당히 장기간 양육을 해야 한다. 이 때문에 암컷은 유전자의 우열만으로 수컷을 고를 수 없다. 일부다처제라면 다른 암컷들과 1명의 수컷을 공유해야 하므로 충분한 지원을 받지 못할 우려가 있기 때문이다. 10개의 자원을 가진 수컷과 4개의 자원밖에 없는 수컷이 있다면 진화론적으로는 당연히 전자가 더 바람직하다. 하지만 그 10개의 자원을 다른 3명의 암컷과 나누어야 한다면 차라리 4개의 자원을 가진 수컷을 독점하는 편이 경제적이고 합리적이다. 이것이 인간 사회에서 일부일처제가 널리 관찰되는 이유라고 생각된다.

♣ 암컷의 교활한 성 전략

수컷 생쥐와 암컷 생쥐를 한 우리에 넣어두면 수컷은 곧장 암컷과 교미를 시작하는데 횟수가 거듭될수록 점차 싫증을 낸다. 결국 암컷이 수컷을 툭툭 치거나 핥으면서 교미를 요구해도 반응을 보이지 않는 지경에 이른다. 하지만 새로운 암컷을 우리에 넣어주면 수컷은 즉시 새로운 암컷과 교미를 시작한다. 이처럼 낯선 암컷으로 인해 성충동이 강해지는 수컷의 특성을 '쿨리지 효과'라고 부른다. 미국 30대 대통령 캘빈 쿨리지의 일화에서 유래한 이름[68]이다. 진화생물학은 수컷이 왜 이런 성질을 가지게 되었는지 간단히 설명한다.

수컷이 동일한 암컷과 여러 차례 교미를 하면 자신의 정자를 상대에게 충분히 주입했으므로 그 이상의 노력은 자원의 낭비다. 반면 다른 암컷과의 교미는 유전자 복제를 늘릴 수 있는 새로운 기회를 제공한다. 따라서 '이기적인 유전자'는 자신의 정자를 효과적으로 활용해서 자손의 숫자를 최대한 늘리기 위해 같은 암컷과 교미에 싫증을 내거나 새로운 암컷에 흥분하는 프로그램을 본능적으로 심어놓은 것이다.

이것이 많은 수컷(남성)들이 바람을 피우는 진화론적 이유라고 한다면 암컷(여성) 역시 이에 맞서 교활한 성 전략을 펼친다. 암컷이 직면한 문제는 우수한 유전자를 지닌 수컷은 경쟁자가 많고, 독차지할 수 있는 수컷은 그다지 뛰어난 유전자를 가지지 못했다는 것이다. 전형적인 트레이드오프(한쪽을 얻으려면 다른 한쪽을 포기해야 하는 경제 관계) 상황이지만 이 문제를 간단히 해결할 수 있는 방법이 있다. 뛰어난 유전자를 가진 수컷의 새끼를 헌신적으로 키워줄 다른 수컷을 찾으면 되는 것이다.

일부일처제에서 암컷의 최대 전략은 수컷의 질투로 인한 보복을 피하면서 동시에 다른 수컷의 새끼를 교묘하게 속여 상대로 하여금 키우게 하는 것이다. 논리적으로야 가능하지만 과연 이런 일이 인간 사회에서도 일어날까?

영국의 생물학자 로빈 베이커는 평균 남성의 10%가 타인의 자식을 자기 핏줄로 오해하고 키우고 있다고 했다. 이 비율은 소득에 따라 크게 달라지는데 최저 소득층에서 남의 자식인 비율은 30%나 되는데 최고소득층에서는 2%로 뚝 떨어진다.[69]

만일 이 결과가 옳다고 한다면 어떻게 생각해야 할까?

고소득층 남성과 결혼한 부인이 남편을 속이지 않는 이유는 분명하다. 그 부인에게도 남편보다 뛰어난 유전자를 가진(젊고 건강하고 잘생기고 키 큰) 남성은 매력적이지만 핏줄이 아닌 아이라는 거짓말이 발각되었을 때 잃는 것이 많기 때문에 위태로운 성 전략을 쓸 생각이 없다.

이 결과는 반대로 최저 소득층 가정에서 남편의 핏줄이 아닌 자식들이 많은 이유도 설명할 수 있다. 남편의 수입이 적다면 남편을 잃었을 때 손실도 크지 않으므로 부인에게는 '도박'의 장애물이 낮아지는 셈이다.

☿ 피임법의 보급이 원치 않는 임신을 증가시키다

다음 2가지 미국의 통계 조사 결과를 살펴보자.

① 1900년 19살 미혼 여성 중 성 경험이 있는 여성은 불과 6%였지만 1세기 후인 2000년에는 75%로 늘었다.
② 피임 기술은 과거 반세기 동안 크게 발전했지만 미혼 여성의 출산은 같은 기간 5%에서 41%로 오히려 큰 폭으로 늘었다.

젊은 미혼 여성의 성 경험이 급증한 이유는 콘돔이나 경구피임약과 같은 피임법이 보급되었기 때문이다. 섹스로 인한 비용을 낮추고 쾌락이라는 수익만 얻을 수 있게 되었으니 일회성 섹스의 일반화는 어찌 보면 당연한 결과다.

하지만 위의 통계 조사를 보면 일회성 섹스가 증가하는 동시에 미혼 여성의 출산도 크게 늘었다. 피임 기술의 보급과 정면으로 모순되는 이러한 상황은 어떻게 일어나게 된 것일까?

이 의문에 대해 캐나다의 여성경제학자 마리나 애드셰이드는 성 시장에서 다양한 종류의 여성 집단이 남성을 획득하기 위해 경쟁하기 때문이라고 답한다.[70]

여기 2종류의 미혼 여성 집단이 있다.

한쪽은 원치 않는 임신으로 치러야 할 희생, 즉 비용이 두려워 혼전 성교를 피하는 여성들이다. 또 다른 집단은 도덕적인 죄악감 때문에 혼전 성교를 거부한다. 이때 두 번째 '도덕적인 여성들'의 숫자가 첫 번째 '임신 비용을 중시하는 여성들'보다 훨씬 많다고 가정하자. 그런데도 효과적인 피임법의 등장은 원치 않는 임신을 증가시켰다. 이유는 단순하다.

첫째 집단, 즉 비용 중시의 여성들이 섹스를 주저하는 이유는 임신의 위험뿐이므로 피임 기술이 보급되면 적극적으로 성적 쾌락을 즐기려든다. 그런데 이들의 행동은 도덕적 이유로 혼전 성교를 거부하는 두 번째 집단의 여성들에게도 큰 영향을 미친다.

성 시장에서는 젊은 남녀들이 파트너를 얻기 위해 복잡한 게임을 벌인다. 보수적인 사회에서는 여성 대부분이 혼전 성교를 거부하므로 남성이 매춘 이외에 섹스를 하려면 결혼을 통해 평생에 걸친 경제적 원조를 약속해야 한다. 말할 필요도 없이 남성에게는 상당히 높은 비용이 요구되는 거래 조건이다.

이때 어떤 여성들이 피임을 조건으로 일회성 섹스를 수용한다고 하자. 이는 일부 상점들이 유사상품을 특가로 판매에 나서는 것과 마찬가지이므로 '소비자'들은 너 나 할 것 없이 이 여성들에게 몰려들 것이다.

섹스를 상품과 동일시하는 점이 무척이나 언짢겠지만, 자신의 젊은 시절을 떠올리는 남성이라면 누구나 공감할 수 있을 것이다. '자신을 받아주는(하게 해주는)' 여자아이들은 분명히 인기가 높았다.

상황이 이렇게 되면 도덕적인 여성들은 파트너 획득 경쟁에서 불리해진다. 좋아하는 남자가 있어도 섹스를 거절하면 '해주는' 여자에게 가버리기 때문이다.

중저가 의류업체인 유니클로의 등장으로 플리스 재킷이나 청바지 같은 캐주얼 의류 가격이 크게 하락했듯, 일부 여성들이 일회성 섹스를 즐기게 되자 성 시장에서 섹스의 가격도 떨어지게 된다. 그 결과 보수적이고 도덕적인 사회에서도 많은 여자아이들이 혼전 관계에 응하지 않을 수 없게 되었다.

제레미 그린우드와 거너의 연구 결과에 따르면 2002년 성경험이 있는 10대 여자아이들 중 '약으로 피임할 수 있다'는 이유로 섹스를 한 비율은 1%에도 미치지 않았다.[71] 하지만 이 소수의 존재가 성 시장의 게임 규칙에 큰 변화를 가져왔고 콘돔 없는 섹스를 거부할 수 없는 여자아이들을 급격히 증가시킨 것이다.

♪ 저학력 독신 여성이 넘치는 이유

이상과 같은 설명은 납득하기 어려울 수 있지만, 파트너 선택을 경제 법칙에 맞추어 생각하면 성의 사회 문제를 상당히 효과적으로 설명할 수 있다.

근대 산업혁명의 시대에는 남자가 공장과 탄광에서 육체 노동을 하고 여자는 전업주부로 가사와 육아를 담당하는 성별 역할 분담이 이루어졌다. 하지만 급속하게 지식 사회로 변모한 현대에서 육체 노동은 옛날과 같은 수익을 낳지 못한다. 그와 동시에 남녀의 지능 차이는 신체적 차이에 비해 훨씬 적기 때문에 여성들이 노동 시장에 대거 진출하게 되었다.

미국과 캐나다에서는 물론이고, 일본이나 유럽에서도 여성의 고학력화가 급속도로 진행 중이다. 그 결과 현재 대학에서는 문과 계열을 중심으로 여학생들이 남학생보다 다수파가 된 지 오래다.

한편 북미 대학에서 적극적으로 성생활을 즐기는 남학생의 전형적인 수법은 여학생을 술집에 데리고 가서 취하게 만드는 것이다. 미국의 136개 대학교에서 수집한 데이터에 따르면 전체 학생의 거의 반수 이상이 폭음을 하는데, 이들은 다른 학생에 비해 콘돔을 쓰지 않고 성관계를 하는 비율이 20%나 높았으며 또 상대가 여러 명인 경향이 94%나 높았다.[72]

그렇다면 여학생들은 왜 남학생의 이런 유혹에 저항할 수 없을까? 이유는 대학교의 여학생 숫자가 늘었기 때문이다. 수요와 공급의 법칙에 따라 연애 시장에서 여학생의 교섭력이 약해졌기 때문이다. 매력적인 남성들은 술집에 가자는 유혹에 넘어가지 않는 돌부처 여학생에게는 좀처럼 말을 걸지 않는 법이다.

애드셰이드는 또한 여성의 고학력화가 저학력 여성의 성 전략을 상당히 곤란하게 만들었다고 주장한다.

고학력에 고소득인 여성은 자신에게 걸맞은 남성, 즉 고학력에 고소득인 남자와 사귀고 싶어 한다. 남성은 보통 여성에게 젊음과 미모를 요구하지만 저학력 여성이 고학력 여성과의 경쟁에서 살아남으려면 상당히 뛰어난 자질을 지녀야 한다. 고학력의 남성도 여성만큼은 아니라고 해도 고학력 여성과 가정을 꾸리고 싶어 하므로, 잠깐의 연애라면 젊음과 미모로 충분하지만 장기적인 관계를 고려하면 취미와 가정 환경이 전혀 다른 상대는 아무래도 부담스럽다.

이렇게 고학력 남성과 여성이 결혼해 아이를 낳으면 글로벌 자본주의의 음모 따위가 없어도 극히 자연스럽게 사회의 경제적 격차는 확대될 것이다.

또 한 가지 문제는 현재 상당한 비율로 남성들이 학력 사회에서 지속적으로 탈락하고 있어서 고학력 여성의 연애 시장에서 과당 경쟁이 일어나고 있다는 사실이다. 수많은 여성들이 '애인 없는 여자'

가 되든지 저학력 남성중에서라도 자기 취향에 맞는 상대를 찾는 수밖에 없다.

이렇게 해서 저학력 여성은 고학력 남성을 둘러싼 경쟁만이 아니라 저학력 남성과의 연애 시장에서도 불리한 입장에 놓이게 된다. 그리고 이것이 미국 흑인 여성의 절반이 독신이거나 미혼모가 되는 이유다.

흑인 여성의 가장 큰 어려움은 57%가 대학교에 진학하는데 반해 흑인 남성은 48%만이 진학한다는 점이다. 수급 면에서 고학력의 흑인 남성이 절대적으로 부족하다.

다음 문제는 흑인 여성의 대부분이 흑인 남자 친구를 원하지만 (기혼 흑인 여성의 96%가 흑인 남성과 결혼했다) 반면 흑인 남성은 사귀는 여성의 인종을 그다지 가리지 않는다는 점이다. 결국 흑인 여성은 얼마 안 되는 고학력 흑인 남성을 둘러싸고 백인이나 히스패닉, 아시아계의 모든 고학력 여성들과 경쟁하지 않으면 안 되는 것이다.

세 번째 문제는 흑인 남성의 수감율이 지극히 높다는 점이다. 고학력의 흑인 남성을 포기한다고 해도 저학력 흑인 남성의 많은 수가 교도소에 들어가 있어서 그 절대 수가 적기 때문에 흑인 여성은 다시 치열한 경쟁에 내몰릴 수밖에 없다. 게다가 경쟁에서 간신히 이겨 결혼과 출산을 해도 남편이 교도소로 갈 가능성도 높다. 이 정도로 악조건이 골고루 갖추어지면 많은 흑인 여성이 만족스런 파트너 구하기를 포기하고 독신으로 지내거나 이혼해서 싱글 맘이 되는 것도 당연하다.

흑인 여성의 사례는 하나의 전형에 불과하다. 고학력 남성이 점차 희소해지는 현대 지식 사회에서 저학력 여성은 인종에 상관없이 상당히 불리한 처지에 놓인다. 그 결과 모자 가정이 늘고 독신에 저소득층으로 노년을 맞이하는 여성이 증가하면 경제 양극화는 점점 더 심각해지고 사회 불안도 심화된다.

상당히 어려운 문제지만 애드셰이드는 경제학적으로 크게 개선할 방법이 딱 하나 있다고 말한다. 바로 일부다처제의 도입이다.

양극화 사회의 정점에 서 있는 부자들이 다수의 부인을 맞이할 수 있도록 하면, 연애와 결혼 시장의 과당 경쟁이 완화되고 결혼 시장에서 불리한 처지에 놓인 여성들도 배우자를 얻을 수 있는 기회가 늘어난다. 일부다처제는 여성의 인권을 유린하는 전근대적이고 용인할 수 없는 제도로 생각되지만, '승자'인 남성이 많은 여성을 획득하는 이 제도에서 손해를 보는 사람은 '패자'인 남성이다. 전체 여성의 복지 후생은 향상될 수 있다.

물론 이 '개혁안'이 실현될 가능성은 거의 없겠지만 말이다.

여성은 왜 오르가슴을 느끼며
소리를 지르는가?

진화론에서는 생물의 모든 행동이 진화의 선택 압력으로 생긴 적응이라고 주장한다. 이 논리를 강간에 적용하면 4장에서 소개했듯이 폭력적으로 여성을 범하는 행위는 인기 없는 남자의 성 전략이며, 강간당한 여성이 정신적으로 심하게 상처받는 이유는 그 편이 남편을 설득하기 쉬워서이고, 강간에 격렬하게 저항하는 이유는 그래도 강간범의 유전자가 번식에 유리하기 때문이다와 같은 난폭한 논리가 전개된다. 하지만 진화론은 과학이며 동물행동학 등의 연구 성과를 바탕으로 하므로 차별적이라는 이유로 무시할 수는 없다. 물론 어떤 경우에, 어떤 목적으로, 어떤 맥락으로 활용되느냐의 문제점은 상존할 수 있다.

심리학자인 크리스토퍼 라이언과 정신과 의사인 카실다 제타는 다윈의 진화론에 근거해서 진화심리학의 불쾌하기 짝이 없는 통설에 이의를 제기했다.[73] 이들이 제시한 가설은 상당히 자극적이다.

⚐ 인간의 본성은 일부일처제?

포유류의 짝짓기는 크게 일부일처제, 일부다처제, 난혼제의 3종류로 나눌 수 있다. 영장류에서는 고릴라가 일부다처제, 침팬지와 보노보는 난혼제, 긴팔원숭이가 일부일처제다. 우리 인간은 어떨까?

《벌거벗은 원숭이》의 저자 데즈먼드 모리스를 필두로 하는 표준적 이해에 따르면 인간의 짝짓기는 '일부다처에 가까운 일부일처제'다. 남자는 부인이 외간 남성과 관계를 맺지 않도록 구속하는 한편, 기회만 있으면 아내가 아닌 다른 여성과 성관계를 맺으려 든다.

한편 여자는 남편이 자신과 아이들을 배신하고 다른 여자에게 자원을 제공할까 봐 경계한다. 이 상호감시로 인해 일부일처제가 인류에게 보편적인 혼인 관계로 정착하지만, 남자의 욕망은 가능한 한 많은 여자와 섹스를 하는 것이므로 권력을 쥐면 즉시 하렘을 만들려고 한다.

이런 성행동의 차이는 수컷과 암컷에 확연한 신체적 차이에서도 확인할 수 있다.

바다코끼리와 바다사자를 보면 알 수 있듯이 일부다처제를 택한 종은 하렘을 둘러싸고 수컷끼리 치열한 경쟁을 벌여야 하므로 체격이 한계치까지 자란다. 반면 암컷들은 수컷을 두고 다툴 필요가 없으므로(일단 하렘의 주인이 된 수컷은 주변에 있는 모든 암컷과 교미한다) 수컷과 암컷의 체격 차이는 크게 벌어진다. 영장류 중에는 고릴라가 이에 해당하는데 수컷의 몸무게는 암컷의 2배나 된다.

그에 반해 일부일처제를 택한 종은 수컷도 경쟁할 필요가 없으므로 몸집이 암컷과 크게 다르지 않다. 실제 긴팔원숭이는 체격으로 암수를 구별하기 어렵다. 난혼제인 경우도 사정은 마찬가지로 수컷은 고릴라처럼 체격이 클 필요가 없다. 침팬지나 보노보의 수컷이 암컷보다 겨우 10~20% 정도만 큰 체격인 이유다. 인간의 수컷도 암컷보다는 크지만 현격한 차이가 나지는 않는다. 이 또한 인간이 일부다처제보다는 일부일처제에 더 가까운 증거로 여겨졌다.

⚘ 고환과 페니스의 비밀

성 전략을 나타내는 또 하나의 신체적 특징은 남성의 성기와 고환의 크기다. 성인 고릴라의 수컷은 몸무게가 200kg이 넘지만 성기의 길이는 약 3㎝에 불과하고 고환은 콩알만하다. 고릴라는 왜 몸집에 어울리는 우람한 성기와 거대한 고환을 가지고 있지 않을까? 그 이유는 수컷의 경쟁은 성관계를 맺기 전에 이미 끝난 상태이므로, 섹스에 따로 비용을 들일 필요가 없기 때문이다. 즉, 하렘의 암컷과 자유롭게 교미할 수 있다면 굳이 성기나 고환을 발달시킬 이유가 없다. 일부일처제에서도 마찬가지다. 긴팔원숭이의 성기는 작고 고환은 몸 안에 파묻혀 있다.

그에 반해 난혼제인 보노보는 체격이 고릴라의 5분의 1(평균 몸무게 40㎏)에 불과하지만 성기는 무려 3배나 더 길고 고환은 특대 사이즈의 계란만큼이나 크다. 커다란 고환이 몸속에 묻혀 있으면 제대로 열을 발산할 수 없으므로 신체 밖으로 튀어나와 있다.

보노보는 왜 이토록 거대한 고환을 가지게 되었을까? 그 이유는 신체의 크기나 힘의 세기가 아니라 정자 수준에서 다른 수컷과 경쟁하기 때문이다. 1마리의 암컷을 여러 수컷들이 공유하게 되면 많은 수의 정자를 생산해야 자궁에 도달할 수 있는 가능성이 높아진다. 성기의 길이가 긴 것도 마찬가지 이유이다. 침팬지의 성행동은 보노보와 다르지만 성기와 고환의 형태는 매우 닮아 있으므로 침팬지들도 정자 경쟁을 벌이고 있다는 사실을 알 수 있다.

그렇다면 인간의 수컷은 어떻게 된 것인가? 고환은 고릴라나 긴팔원숭이보다 크지만 보노보나 침팬지보다는 작다. 이 또한 인간의 본성이 일부다처제도 난혼제도 아닌 일부일처제에 가깝다는 증거로 생각되었다. 그런데 인간의 성기에는 다른 영장류와 달리 특이한 점이 보인다. 보노보나 침팬지에 비해 2배 가까이 길고 두꺼운 성기 끝에 귀두가 달려 있다. 인간에서만 볼 수 있는 이런 특수한 성기 모양이 어떤 진화의 압력으로 탄생했는지 종래의 진화론은 설명하지 못했다.

진화론에서는 일부다처제 사회의 수컷은 암컷을 획득하기 위해 다른 수컷과 치열하게 경쟁한다고 주장한다. 일부일처제라고 해도 집단생활을 하는 경우, 수컷은 암컷의 성행동을 늘 감시해야 한다. 왜냐하면 암컷의 가장 효과적인 성 전략은 뛰어난 유전자를 보유한 수컷의 새끼를 임신해서 다른 수컷에게 키우게 하는 것이기 때문이다.

이 암담한 사실을 전제로 진화심리학은 인간 수컷이 보이는 폭력성을 해명한다. 남자가 부인이나 애인에게 격렬한 질투를 느끼고, 가정 폭력 같은 폭력 행위로 치닫거나 종교의 이름으로 아내의 얼굴에 베일을 씌워 다른 수컷으로부터 격리하려는 것은 모두 이유가 있다.

하지만 여기서 라이언과 제타는 '통설의 균열'을 지적한다.

♣ 여성의 성충동은 약하다?

인간의 암컷은 배란의 은폐를 통해 생식 가능한 시기를 수컷이 알 수 없도록 해서 월경 주기 내내 성관계를 가질 수 있도록 진화했다. 암컷의 배란기를 알 수 없는 수컷은 언제 어디서든 발정하고 섹스를 원하게 되었다. 이 '통설'에 따르면 섹스에 집착하는 생물은 인간의 수컷뿐이다.

암컷의 진화 전략은 안정된 일부일처제 속에서 자식을 낳고 기르는 일이므로 때때로 외도를 통해 더 좋은 유전자를 가진 아이를 낳고 싶어 하기도 하지만 남성과 같은 강한 성충동은 필요하지 않다. 실제 진화심리학에서도 여성의 성충동은 약하다는 암묵적인 전제가 존재한다.

라이언과 제타는 이런 시각은 여성의 성욕을 부정하고 순결과 정절을 중시하는 유대·기독교적 이데올로기의 반영일 뿐이라고 말한다. 유럽의 역사는 여성의 성욕을 부정하기 위한 험난한 투쟁 일화로 넘쳐나기 때문이다.

1500년대 중반 이탈리아 베네치아에서 해부학을 연구하던 마테오 레알도 콜롬보는 어느 여성 환자를 진찰하면서 다리 사이 성기 위쪽에 있는 작은 돌기를 발견했다. 이 '단추'를 만지자 환자는 긴장한 듯 몸에 힘을 주었고 촉진이 계속되자 해당 부위가 커지는 듯했다고 콜롬보는 기록했다.

콜롬보는 이후로도 수십 명의 여성 환자를 관찰했는데 모두 그 때까지 '미발견이었던' 돌기를 소유하고 있으며 촉진에 대해 동일한 반응을 보인다는 사실을 확인했다. 그래서 콜롬보는 당시 소속해 있던 대학의 학장에게 이 '새로운 발견'을 보고했지만 반응은 기대 와 사뭇 달랐다. 콜롬보는 며칠 후 이단, 신에 대한 모독, 마술, 악 마 숭배의 혐의로 교실에서 체포되었고 재판에 넘겨져 투옥되었다. 콜롬보의 초고는 몰수되었고 콜롬보의 사후 수 세기가 지날 때까지 그 발견에 대한 언급은 금지되었다.[74]

17세기 마녀 사냥의 시대가 시작되자 콜롬보가 발견한 돌기, 즉 여성의 음핵은 '악마의 유두'로 여겨졌고, 비정상적으로 음핵이 큰 여성은 그 이유만으로도 화형을 당했다. 하지만 이를 어리석은 미 신이라고 웃어넘길 수 없는 상황이 이후로도 벌어졌다.

1858년 영국의 산부인과 의사이자 런던 의사협회 회장이었던 아 이작 베이커 브라운은 여성의 자위행위는 히스테리와 척수염을 일 으키고 간질과 경련으로 이어져 치매와 조울증 때문에 종국에는 사망한다고 주장했다. 그리고 이 비극을 예방할 수 있는 가장 효과 적인 방법은 음핵의 외과적 절제라고 주장하며 실제로 셀 수 없을 정도의 음핵 절제 수술을 시행했다.

천만다행으로 아이작 베이커 브라운의 이론에 근거가 없다는 사실이 밝혀져 브라운은 런던 산부인과학회에서 제명되었으며 음핵 절제술은 더는 영국에서 이루어지지 않았다. 하지만 그동안 브라운의 저술은 미국에서 큰 호평을 받아 20세기가 시작된 이후로도 히스테리와 색정광, 여성의 자위 치료법으로 음핵 절제술이 여전히 시행되었다. 1936년에도 《홀트 소아과학》이라는 권위 있는 의학 교과서에는 소녀의 자위 치료로 음핵 절제 혹은 소작술(약품이나 전기로 조직을 태우는)을 권장했다.[75]

이런 흥미로운 성의 역사를 되짚으며 라이언과 제타는 다음과 같이 묻는다. 통설이 주장하듯 여성의 성욕이 약하다면 왜 이토록 집요하게 여성의 쾌락을 억압하고 오르가슴을 벌해야만 했는가.

그리고 두 연구자는 놀라운 가설을 제시한다.

♣ 침팬지 vs 보노보

인간과 가장 가까운 영장류 중에서 긴팔원숭이는 일부일처제, 고릴라는 일부다처제, 침팬지와 보노보는 난혼제이다. 동물학자들이 인간의 성을 이야기할 때 긴팔원숭이의 예를 많이 드는 이유는 양쪽 모두 일부일처제라고 여기기 때문이다.

하지만 라이언과 제타는 진화의 원리에서는 명백히 이상한 상황이라고 주장한다.

영장류(원숭이목)에서 긴팔원숭이가 인간과 침팬지 같은 '인간과'로 분화한 것은 약 2200만 년 전이고, 고릴라는 약 900만 년 전이다. 그리고 인간과 침팬지 그리고 보노보의 분기는 500~600만 년 전에 일어났다. 침팬지와 보노보가 분기한 것은 300만 년 전이다. 하지만 통설에 의하면 인간의 성행동은 진화하는 과정에서 별 관련성이 없는 긴팔원숭이(일부일처제)나 그 다음으로 동떨어진 고릴라(일부다처제)와 유사하고, 가장 밀접한 관계인 침팬지나 보노보(난혼제)와는 다르다. 도대체 어떻게 이런 일이 생기는 것일까?

물론 통설에서도 남성의 '난교 지향성'은 인정한다. 그 성향이 여성의 '일부일처(로맨틱 러브) 지향'과 충돌하기 때문에 일부일처와 일부다처의 혼합 형태가 보편적인 혼인 시스템으로 정착된 것이다.

그렇다면 침팬지나 보노보의 성행동은 어떨까? 이에 대해서는 저명한 영장류학자인 프란스 드 발이 다수의 계몽서를 남겼다. 단 드발이 관찰한 것은 자연계가 아니라 사육 시설 속의 침팬지와 보노보다.

프란스 드 발에 따르면 침팬지 집단에는 알파 수컷(제1순위 수컷, 보스 원숭이)을 정점으로 해서 엄격한 서열이 존재한다. 알파 수컷은 암컷들을 독점하거나 하렘을 만들지 않으므로 하위 서열의 수컷에게도 번식할 기회가 있다. 보스 원숭이에게 아부해서 허락받을 때도 있다.

암컷은 식량과 교환하는 조건으로 수컷의 교미에 응하는데 상대는 역시 서열이 높은 수컷이 많다. 침팬지 수컷은 더 많은 번식 기회를 찾아 상위의 권력 서열에 올라가기 위해 필사적이 된다.

이러한 침팬지의 생태가 인간 사회(특히 남성의 권력욕)를 정확히 묘사한 듯이 보여, 세계적으로 엄청난 호평을 받았다. 결국 인간은 '바지를 입은 침팬지'일 뿐인 것이다.[76]

하지만 인간과 침팬지의 성에는 큰 차이가 있다. 침팬지의 암컷은 임신 가능한 배란기가 되면 생식기 주위가 붉게 부풀어 올라 수컷을 도발하지만, 인간의 암컷은 생식기를 감추기 때문에 수컷은 배란 여부를 알 수 없다. 인간-침팬지 유사설은 이러한 성행동의 큰 차이를 무시하고 있다.

아프리카 대륙에 광범위하게 분포하는 침팬지에 비해 보노보는 중부 아프리카의 콩고민주공화국 중서부에서만 서식하기 때문에 연구가 상당히 늦어진 편이다. 하지만 동물학자들의 보고가 시작되자 그 특이한 성행동에 사람들은 놀라지 않을 수 없었다.

보노보의 암컷도 발정하면 엉덩이의 성피가 핑크색으로 바뀌지만 그 외의 시기에도 유사 발정 상태이기 때문에 언제든 수컷의 교미를 받아들인다. 성행위도 일반적인 후배위(암컷의 등에 수컷이 올라타는)뿐 아니라 그때까지 인간만의 특징으로 알려진 정상위도 빈

번하게 이루어지며 오럴섹스도 한다. 또한 보노보의 성행위는 수컷과 암컷 사이뿐 아니라 동일한 성끼리도 이루어진다. 암컷끼리 성피를 문지르는 '호카호카', 수컷끼리 서로 페니스를 부딪치는 '페니스 펜싱' 같이 다양한 성행동이 관찰되었다. 보노보 사회에서는 성행위가 번식 외에도 사회적 커뮤니케이션의 도구로 사용되고 있었던 것이다.

그 특이한 성행동 덕분에 보노보는 '사랑과 평화'의 상징으로 불렸다. 보노보는 침팬지의 수컷처럼 엄격한 권력 서열을 만들지 않으면서도, 싸움과 폭력이 아니라 섹스 커뮤니케이션으로 갈등을 해결하며 평화롭게 살아가고 있다. 1960년대 히피족인 플라워 칠드런이 보노보의 존재를 알았더라면 틀림없이 그들의 우상이 되었을 것이다.

여기서 라이언과 제타는 다음과 같이 묻는다.

영장류 중에서 발정기와 상관없이 교미를 하고 커뮤니케이션의 도구로 성행위를 이용하는 것은 인간과 보노보뿐이다. 그 보노보는 일부일처제의 긴팔원숭이나 일부다처제의 고릴라보다 진화적으로도 훨씬 더 인간에게 가깝다. 그렇다면 왜 인간의 성행동을 분석할 때 보노보를 기준으로 하지 않는가?

그래서 라이언과 제타는 선언한다. '인간의 본성은 일부일처제나 일부다처제가 아니라 보노보와 마찬가지로 난혼제다!'

♔ 농경 사회가 모든 것을 바꾸었다?

물론 난혼제 주장을 듣자마자 여러분의 머릿속에서는 다양한 반론이 떠오를 것이다.

우선 현대 사회 어디에도 난혼제를 인정하는 곳은 없다. 지난 역사를 아무리 뒤져봐도 권력자의 일부다처제, 즉 하렘만 존재할 뿐이다. 또 하나, 문화인류학자들에 따르면 지금까지 한 번도 문명과 접촉한 일이 없는 원시 부족 사회에서도 난혼은 발견되지 않았다. 이래서야 도저히 난혼이 인간의 본성이라고 할 수 없다.

하지만 라이언과 제타는 이러한 예상되는 비판에 대해 다음과 같이 대응했다.

인류 역사 중 200만 년은 수렵 채집의 구석기 시대였고 인간의 본성은 그 기나긴 세월 동안 진화해왔다. 반면 농경 생활이 시작된 것은 불과 1만 년 전이며 기록이 남아 있는 역사 시대는 겨우 2000년 정도가 지났을 뿐이다. 하지만 우리는 무의식중에 농경 사회나 역사 시대를 기준으로 '인간'을 이해하려고 든다. 선사 시대 사람들이 어떻게 살았는지 정확히 알 수 없기 때문이기도 하지만, 200만 년 중에 1만 년 혹은 2000년만 떼어내서 인간의 본성을 논한들 아무 의미가 없지 않은가.

문화인류학자들이 현재까지 남아 있는 수많은 원시 부족 사회의 현장을 찾아 조사했지만 모두 구석기 시대와는 전혀 다른 사회다. 구석기 시대 사람들은 혈연관계를 중심으로 50명에서 100명 정도가 집단을 이루고 평지를 이동하면서 수렵 채집 생활을 했다. 현대의 원시 부족 사회는 농경에 적합한 토지를 빼앗기고 섬이나 밀림과 같은 오지에 남겨져 이동의 자유를 잃고 정착할 수밖에 없었던 사람들이다.

구석기 시대에는 광대한 아프리카와 유라시아 대륙에 기껏해야 수백만 명(대부분의 기간은 수십만 명)이 분산되어 살았으므로 현대 원시 부족 사회를 통해 그들의 생활을 상상하기는 어렵다.

라이언과 제타는 구석기 시대의 인류는 집단 내의 여성을 남성들이 공유하는 제도, 즉 보노보와 같은 난혼제였다고 추정한다. 그들은 다른 부족과 만나서 여자들을 교환하고 새로운 집단에 받아들여진 여자는 난교를 통해 환영받는다. 구석기 시대의 환경을 생각하면 그 편이 진화론의 관점에서 합리적이다.

역사상 전쟁은 대부분 토지 쟁탈이 목적이지만 이는 농경 사회가 성립된 이후의 이야기다. 수렵채집을 위한 토지가 충분하다면 굳이 제한된 자원을 둘러싸고 싸울 필요가 없다. 그렇다면 전쟁은 오로지 여자를 빼앗기 위해 벌어지는 셈인데, 난혼 사회에서 주변 부족은 오히려 집단에 새로운 핏줄을 제공하는 귀중한 존재가 된다.

또 난혼 사회라면 여자를 차지하려고 남자들이 집단 내에서 경쟁할 필요도 없다.

　그렇다면 여자는 양육을 위해 남자의 원조를 필요로 하고 그 결과 일부일처제가 정착되었다는 주장은 어떻게 되는가?

　생각해보면 사망률이 높았던 구석기 시대에 이런 일부일처제는 최적의 전략이라고 보기 어렵다. 사고나 질병으로 남편이 죽어버리면(이런 일은 일상적으로 일어났을 것이다) 보호자를 잃은 모자는 살아갈 수 없기 때문이다.

　그렇다면 난혼으로 아이의 아버지가 누구인지 알 수 없게 하고 여러 명의 '아버지 후보'를 육아에 협력시키는 편이 효과적이다. 설사 그들 중 누군가 죽더라도 남은 '아버지'들로부터 계속 원조를 받을 수 있으므로 일부일처제보다 훨씬 더 위험을 분산할 수 있다.

　그렇다면 남자들의 경쟁은 어디서 이루어지는가? 그것은 여성의 성기 속에서 벌어진다. 인간의 본성이 난혼이라는 지극히 설득력이 있는 증거 중 하나가 남성 성기의 특이한 구조다. 인간의 성기는 난혼인 침팬지나 보노보보다 길고 두꺼우며 끝에 버섯의 갓처럼 생긴 귀두가 달려 있다. 그 귀두의 가장자리를 귀두관이 둘러싼다. 지금까지 진화론의 통설은 남성의 성기가 이처럼 특이한 모양으로 발달한 이유를 제대로 설명하지 못했다.

　하지만 간단한 실험을 통해 이 독특한 성기의 기능이 밝혀졌다. 성기와 유사한 모양의 물체를 고무관 속에 넣고 격렬하게 위아래로 움직이자 관속은 진공 상태로 변했고 내부에 있던 액체가 밖으로 빨려나온 것이다.

남성의 성기와 성행동은 그 특이한 형태와 피스톤 운동에 의해 여성의 질 안에 남아 있는 다른 남자의 정액을 제거하고 그 공간에 자신의 정자를 방출해서 가장 먼저 자궁에 도달할 수 있도록 최적화되어 있는 것이다.

☖ 여성이 오르가슴을 느낄 때 소리 지르는 이유

난혼 사회에서 남자들은 집단 내에서 여자를 두고 싸우지 않고 대신 여성의 질 속에서 정자 경쟁을 벌인다. 보노보를 보면 알 수 있듯이 이런 혼인 형태는 집단의 평화를 유지하는 데 상당히 효과적이다.

한편 여성의 성 전략은 많은 남성과 성관계를 맺고 가장 우수한 남성의 정자가 경쟁에서 승리해 수정에 성공하도록 만드는 것이다.

소꿉친구에게 성적 매력을 느끼지 못하는 현상을 '웨스터마크 효과'라고 하는데 보노보나 침팬지에게도, 인간에게도 이는 유전적으로 불리한 근친 교배를 피하기 위한 진화 시스템이다. 일반적으로 자신과 다른 종류의 유전자와 결합했을 때 감염증에 더 강한 자손이 태어나기 때문에 암컷은 집단 내의 수컷보다 외부인에게 더 이끌린다. 보노보의 암컷은 사춘기가 되면 모험적으로 변해 집단을 벗어나 다른 무리에 참가하는데, 구석기 시대의 여성들도 이와 마찬가지로 스스로 이 집단에서 저 집단으로 이동했는지도 모른다.

태어난 아이는 집단 내의 고령자를 포함한 여자 집단 속에서 길러지고 남자 집단은 사냥의 성과물을 가지고 돌아온다. 이러한 남녀의 역할 분업은 현대에도 아프리카나 아시아 남태평양의 원시 부족 사회에서 볼 수 있다.

난혼설을 그대로 신뢰하기는 어렵지만 그 논리에는 상당한 설득력이 있다. 라이언과 제타는 또 하나의 강력한 증거를 마련했다. 그것은 '왜 여성만 절정에서 소리를 지르는가?'라는 질문이다. 이 수수께끼를 발견한 것은 라이언과 제타가 처음이며 그것만으로도 대단한 학문적 성과로 볼 수 있다.

인간의 본성이 일부일처제라면 성관계를 맺을 때 여성이 소리를 지를 진화론적 이유는 전혀 없다. 선사 시대의 사바나, 즉 포악한 맹수들이 득실거리는 열대 초원에서 소리를 질러 자신의 위치를 알리는 일은 아주 위험했을 것이다.

알다시피 남자와 여자의 오르가슴은 상당히 대조적이다.

남자는 삽입 후 몇 번의 피스톤 운동으로 급작스럽게 사정을 하고, 일단 사정이 끝나면 성욕도 사라진다. 반면 여성의 성적 쾌감은 시간이 지날수록 강해지며 몇 번이고 반복해서 오르가슴을 느낄 수 있다.

기존의 진화론은 이런 남녀의 차이를 제대로 설명하지 못했지만 라이언과 제타는 난혼설로 명쾌하게 수수께끼를 풀어보였다.

남성이 단시간 내에 오르가슴에 도달하는 이유는 여성이 소리를 지르는 성교 행위가 위험하기 때문이다. 구석기 시대의 남자에게는 재빨리 사정하는 것이 진화의 적응이었다.

반면 여성에게는 신변의 위험을 무릅쓰고 소리를 지를 만한 이점이 있었다. 그것은 바로 다른 남자들을 흥분시켜서 끌어들이는 것이다. 그 결과 여성은 한 번에 여러 남성과 효율적으로 성관계를 맺고 다수의 정자를 질 속에서 경쟁시킬 수 있다. 그 때문에 소리를 지를 뿐 아니라 연속적으로 오르가슴을 느낄 수 있도록 진화되었을 것이다.

물론 이런 설명이 옳은지는 아직 아무도 모른다. 하지만 누구든 난혼설에 반론을 제기하려면 '왜 여성이 오르가슴을 느끼면 소리를 지르는가'라는 물음에 이보다 더 설득력 있는 답변을 제시해야 할 것이다.

♣ 자유섹스의 유토피아는 요원하다

일본 농촌에는 에도 시대까지 와카슈야도 같은 청년 공동체가
있어서 요바이(밤중에 몰래 이성의 침실에 숨어드는 풍습)를 통한 성교
육이나 축제 때 이루어지는 난교 행위가 널리 인정되었다. 아시아뿐
아니라 전 세계에서 찾아볼 수 있는 이러한 성 풍습은 근대 이후 은
폐되었다. 유대교와 기독교에서 유래한 보수적인 성 문화가 사회를
지배하게 되었기 때문이다. 하지만 조금만 신경 써서 찾아보면 우리
주변에도 난혼의 흔적이 꽤 많이 남아 있다.

라이언과 제타는 그 한 예로 중국 소수 민족인 모소족을 든다.

모계 제도의 농경 사회인 모소족은 여자아이가 13살이나 14살
이 되면 개인 침실을 가진다. 그 침실에는 외부로 통하는 문이 있어
서 여성과 사귀는 남자는 그곳을 통해 비밀리에 드나든다.

모소족 여자아이의 규칙은 어떤 남성과 밤을 보낼지는 전적으로
본인이 선택하며 남성은 새벽이 되기 전에 떠나야 한다는 점이다.
아이가 생기면 남자는 책임지지 않고 여자의 집에서 키운다. 단 여
자의 남자 형제들도 가사를 도우므로 남자들도 간접적으로 육아의
비용을 지불하고 있는 셈이다.

라이언과 제타의 난혼설이 옳다면 진화심리학의 기존 학설은 크
게 수정되어야 한다. 남자와 여자의 성 전략은 서로 대립하지 않는

다. 남자의 본성이 난혼이라면 여성 또한 그에 맞게 적응해왔다. 남녀의 불일치는 '진화론적 운명'이 아닌 것이다. 여성을 둘러싼 경쟁에서 이기기 위해 남성이 폭력적으로 변한 것도 아니다. 난혼 사회에서는 언제든 원할 때 성관계를 맺을 수 있으므로 싸울 이유가 없다. 경쟁은 정자가 대신 해준다.

하지만 농경은 이 '행복한 구석기 시대인'을 에덴 동산에서 내쫓고 모든 것을 변화시켰다.

수렵 채집 사회에서는 소유나 독점이 큰 의미가 없지만 농경 사회는 다르다. 토지를 빼앗기면 굶어죽을 수밖에 없고 곡식과 같은 부를 독점하면 원하는 것은 무엇이든 손에 넣을 수 있다. 이러한 사회 환경의 격변으로 인해 인간의 성행동도 구석기 시대와는 완전히 달라지고 만 것이다.

이 새로운 가설은 일부에서는 화제가 되었지만 전문가들 사이에서 검증이 진행 중이라고 말하기는 어렵다. 어딘가에 큰 결함이 있는 것일까? 학문적으로야 어쨌든 전문가가 적극적으로 난혼설을 언급하고 싶지 않은 이유는 알 만하다.

여성의 성생활은 가능한 한 많은 남성과 관계를 맺는 것이라고 사회가 인정한다고 가정하자. 이러한 성문화의 혁명적인 변화는 현대 자본주의 사회에서는 플라워 칠드런적(혹은 보노보적)인 사랑과 평화의 이상향을 만드는 것이 아니라 파괴적인 부작용을 불러올 가능성이 훨씬 크다.

　인간의 본성이 남녀 모두에게 난혼이라면, 여성이 남성의 요구를 거부하는 것은 문화적 억압일 뿐, 순결이나 순애보 같은 아름다운 '미신'은 순식간에 내동댕이쳐지고, 임신 가능한 여성이라면 어떤 남성이든 흔쾌히 받아들여야 한다, 라고 주장하는 이들이 등장할 것이다.

　이를 쓸데없는 걱정이라고 웃어넘길 수도 없게 되었다.

　모소족의 풍습은 이제 중국 내에 널리 알려져 젊고 귀여운 아가씨와 공짜로 관계를 맺으려는 관광객들이 몰려들고 있다고 한다.

Ⅲ

육아와 교육은
아이의 성장과 관계없다

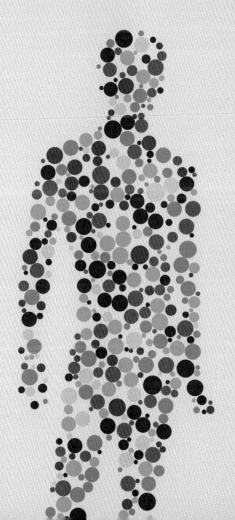

11

나는 어떻게
'내'가 되는가?

♣ 쌍둥이의 기묘한 닮음

태어나자마자 각각 다른 가정에 입양된 일란성 쌍둥이가 39년 만에 재회했다. 1979년 미국의 오하이오 주에서 일어난 일이다. 양부모는 루이스 씨와 슈프링거 씨로 우연히 두 사람 모두 짐이라고 이름 지었다. 그때까지 한 번도 만난 적이 없었지만 제임스 루이스와 제임스 스프링거는 닮은 구석이 많았다.

2명 다 약간의 고혈압 증상이 있었고 한나절이나 이어지는 지독한 편두통에 시달렸다. 학교 성적은 그다지 좋지 않아서 한 사람은 고등학교 1학년 때 한 번 낙제했고, 다른 한 사람도 간신히 낙제를 면할 정도였다. 하지만 유사점은 그것뿐이 아니었다.

쌍둥이의 극적인 재회를 보도한 지역 신문에 따르면, 두 사람 모두 자동차는 쉐보레를 몰았고 지독한 애연가로 좋아하는 담배는 살렘이었다. 카레이싱을 좋아하지만 야구는 싫어했다. 두 사람 모두 이혼 경력이 있었는데 놀랍게도 첫 부인의 이름이 양쪽 모두 린다였다. 재혼한 부인 역시 베티로 이름이 같았고 한쪽은 장남을 제임스 알란(Alan), 다른 쪽은 제임스 알란(Allan)이라고 지었다. 게다가 키우는 개 이름도 둘 다 토이였다.

신기한 이야기라서 믿지 못할 것이다. 어쩌면 어릴 적부터 서로 몰래 연락을 주고받다가 언론을 속이고 세상을 놀라게 할 요령으로 거짓을 꾸몄을지도 모른다. 범죄 수사처럼 증거를 찾아낼 수도 없으니 진실은 아무도 알 수 없다.

하지만 두 사람의 짐 외에도 마찬가지로 불가사의한 이야기들이 더 등장한다. 예를 들어 38살 때 처음으로 재회한 영국의 일란성 쌍둥이(여성)는 두 사람 모두 손가락에 7개의 반지를 하고 있었고 한 손에는 2개의 팔찌, 또 다른 손에는 팔찌와 손목시계를 차고 있었다. 아들 이름은 각각 앤드류 리처드(Andrew Richard)와 리처드 앤드류(Richard Andrew), 딸 이름은 캐서린 루이즈(Catherine Louise)와 카렌 루이즈(Karen Louise)였다.

유대인 부친과 독일인 모친 사이에 태어난 일란성 쌍생아 오스카와 잭의 사례는 충격적일 정도다. 오스카는 독일에 계신 할머니에게 맡겨져 히틀러 유겐트(나치의 청소년 조직)에서 자라났다. 잭은 유대인 아버지가 길렀는데 한때 이스라엘의 키부츠에서 생활하기도 했다. 둘 다 수염을 길렀고 금테 안경을 썼으며 어깨에 견장이 달린 군인풍의 스포츠 셔츠를 입고 있었다. 여성에 대한 태도는 권위적이었으며 부인에게 연신 소리를 질렀다. 두 사람 모두 화장실을 쓰기 전에 먼저 물을 내리는 버릇이 있었고 손목에 고무줄을 끼고 다녔으며 잡지는 뒤쪽부터 읽었다.[77]

1960년대 이후 따로 떨어져 자란 일란성 쌍생아는 과학적으로 상당히 귀중한 소재였고 행동유전학자들에 의해 철저하게 연구되었다. 유사한 사례가 대량으로 수집되어 일란성 쌍생아의 신기한 우연을 더는 조작으로 볼 수 없는 단계에 이르렀다.

이 장에서는 쌍둥이들의 기묘한 유사성을 실마리로 '나는 어떻게 내가 되었는가'라는 수수께끼를 풀어보자.

♣ 고귀한 혈통과 부정한 피

나는 어떻게 내가 되는 것일까? 상당히 심오한 질문이지만 원리적으로는 다음 한 문장으로 답할 수 있다.

"나는 유전과 환경에 의해 '내'가 되었다."

핏줄과 성장 배경이 아이의 성격과 능력을 결정한다는 사실은 잘 알려져 있지만, 유전과 환경의 영향을 따로 분리할 수는 없었다. 지금껏 '핏줄이 반, 환경이 반'이라는 식의 애매한 태도가 용인된 이유는 유전의 영향을 철저히 파헤치기가 부담스럽기 때문이기도 했다.

인간은 예로부터 피에 특별한 의미를 부여했는데 이는 간단한 실험으로 확인할 수 있다. 낡은 스웨터에 빨간색 잉크를 떨어뜨리고 '이 옷은 강도에게 찔려 죽은 친구의 유품'이라고 말한다. 대부분의 사람들은 짓궂은 농담이라고 여기면서도 선뜻 만지려들지 않을 것이다. 빨간 얼룩이 주술과 같은 힘을 발휘해서 더럽혀진 피를 만지면 재앙이 생길 것이라고 느끼기 때문이다.

그런 한편 인류는 역사 시대 그 훨씬 전부터 고귀한 혈통은 자손에게 이어진다고 믿었다. 시대와 문화, 종교의 차이를 불문하고 왕정 제도와 귀족제가 세계 곳곳에 여전히 남아 있는 것은 '피의 신화'가 인류의 보편적 성향이라는 사실을 의미한다. 물론 일본의 천황제도 그 중 하나다.

과학적으로 증명할 수 없지만 누구나 그 존재를 의심하지 않는 가상 감각을 영적 감각이라고 하자. 대표적인 것이 눈의 힘이다. 사람의 눈에서 어떤 물리적인 힘이 나오지는 않으므로 상대의 시선을

'느낀다'는 일은 가능할 리 없다. 하지만 우리는 가상 감각에 의해 '그 찌르는 듯한 시선'을 분명히 알아차린다.

고귀한 혈통에 대한 숭배와 부정한 혈통에 대한 기피는 인류의 보편적인 영적 감각이다. 하지만 20세기 중반 이후, 인종 차별과 홀로코스트의 비극을 겪으며 '더러운 피가 아이에게 이어진다'는 생각은 금기시되었다. 그렇다면 고귀한 혈통에 대한 신화도 함께 제거되어야 하지만 그럴 경우 왕정의 근거가 사라지므로 남겨두기로 했다. 이렇게 해서 고귀한 혈통은 자손 대대로 계승되지만 부정한 피는 유전되지 않는다는 참으로 편리한 이데올로기가 정치적으로 옳다고 인식되었다.

참고로 양성 생식인 인간은 부모로부터 각각 50%의 유전자를 물려받는다. 당연히 아버지에서 아들로 그리고 손자로 세대가 바뀔 때마다 유전자의 공유 비율은 점점 낮아지고 수십 세대가 지나면 '고귀한 피'도 '부정한 피'도 인간의 유전자풀(인간 유전 정보의 총량) 속으로 흩어져 가계나 혈통은 아무런 의미도 없어진다. 근친혼이 반복되면 이야기는 달라지지만, 이는 대부분 열성 유전의 영향으로 비참한 결과를 낳는다.

유전에 대해 정확하게 안다는 것은 '피의 주술'에서 벗어나는 일이기도 하다.

✿ 유전되는 것 vs 유전되지 않는 것

일란성 쌍생아는 하나의 수정란이 초기 단계에 2개로 분열되어 각각 독립된 개체로 자라므로 완전히 동일한 유전자를 공유한다. 반면 이란성 쌍생아는 2개의 수정란이 자궁에 착상해 태어나므로 보통의 형제자매처럼 약 50%의 유전자를 공유할 뿐이다. 행동유전학자들은 이 2종류의 쌍생아를 비교하면서 사람의 인격과 능력 형성에 대한 중요한 사실을 발견했다.

유전자 공유 비율을 제외하면 일란성과 이란성 쌍생아는 다른 조건, 즉 동시에 태어나 같은 가정에서 자랐다는 조건은 동일하다. 그렇다면 쌍생아 자료를 대량으로 수집해서 쌍생아들이 어느 정도 닮았는지 조사해보면 유전과 환경의 영향을 추정할 수 있을 것이다.

쌍생아 연구에 따르면 키, 몸무게, 지문의 숫자 등 양적으로 계량할 수 있는 항목은 이란성에 비해 일란성 쌍생아의 상호 유사도가 훨씬 높다. 양육 환경은 동일하므로 유사성의 차이는 유전의 영향이라고 생각할 수밖에 없다.

유사성은 상관 계수로 나타내는데 1은 완전히 동일하고 0은 전혀 관계가 없음을 나타낸다. 예를 들어 몸무게의 상관 계수는 일란성이 0.8, 이란성이 0.4로 2대 1의 비율로 나타난다. 이는 일란성이 유전자 100%를 공유하고 이란성은 50%만 공유한다는 사실과 대응한다.[78] 이런 경우 가족의 몸무게 유사성은 유전만으로 완전히 설명할 수 있으므로, 같은 음식을 먹거나 비슷한 생활 습관과 같은 환경의 공유는 관계가 없다.

하지만 유전으로 모든 것이 결정된다는 이야기는 아니다. 일란성 쌍생아의 상관 계수가 0.8인 이유는 둘의 몸무게가 많이 유사하지만 완전히 같지 않기 때문이다. 이 차이는 (유전자는 완전히 동일하므로), 서로 다른 환경으로부터 영향을 받기 때문이다. 부모가 쌍둥이들을 각각 다른 학교에 보내면 급식 내용이 달라지므로 몸무게에 영향을 미칠 수 있다. 이처럼 쌍생아 각자의 독자적인 환경을 '비공유 환경'이라고 한다.

몸무게의 가족적 유사성은 유전적인 요인으로 결정되고 공유 환경(가정의 식생활 등)의 영향은 없으며 몸무게의 차이는 비공유 환경에 따라 발생한다. 즉 몸무게에 미친 영향(기여도)을 보면 유전이 80%, 공유 환경이 0%, 비공유 환경이 20%다.

이와 동일한 방법으로 일반 지능(IQ)과 학업 성적, 위궤양이나 고혈압 같은 질병, 정서 장애, 자폐증, 알츠하이머, 조현병 같은 정신 질환과 발달 장애에 유전이 어느 정도 영향을 미치는지 조사할 수 있다.

조사 결과를 보면 모든 항목에서 일란성 쌍생아의 유사도가 이란성 쌍생아를 웃돌지만 항목별로 '닮은 정도'는 상당히 큰 차이가 난다(그림 11-1, 11-2 참조).

예를 들어 위궤양은 유전적 영향이 크지만 일란성의 유사도가 이 란성보다 극단적으로 높지는 않다. 유전병으로 알려진 암은 위궤양 에 비해 쌍생아의 유사성이 훨씬 낮다. 이는 암 유전자의 발현 여부 가 환경에 따라 달라진다는 것을 의미한다.[79]

환경의 영향으로 질병의 발생이 결정된다면 가족이나 친척 중에 암환자가 많은 소위 암 가계라도 식사나 생활 습관에 주의하면 예 방할 수 있다. 앞으로 쌍생아 연구가 더 진전되면 암에 걸리지 않는 생활이 어떤 것인지 밝힐 수 있을지 모른다. 이처럼 행동유전학은 우리 생활을 개선할 수 있는 큰 가능성을 품고 있다.

한편 쌍생아 연구는 지금 우리 사회가 받아들이기 힘든 불편한 사실도 보여준다. 그것은 바로 마음의 유전이다.

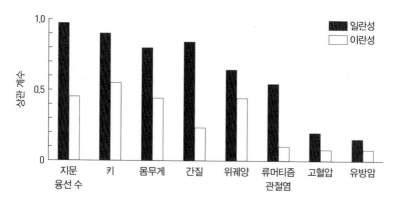

【그림 11-1】 신체 및 병리적 측면에서 쌍생아의 유사성

☘ 마음의 유전, 그 빛과 그림자

행동유전학은 일관되게 지능과 성격, 정신 질환과 같은 마음에 유전이 강력하게 영향을 미친다는 사실을 제시해왔다. 일란성과 이란성 쌍생아 비교에서 그 영향은 신체적 질병과 같거나 그보다 크고, 자폐증이나 정서 장애와 같은 발달 장애는 키나 몸무게보다 유전의 영향을 더 많이 받는다(그림 11-2).

물론 마음의 모든 것이 유전되지는 않는다. 예를 들어 '종교성'에는 일란성과 이란성의 차이가 거의 없고 어떤 종교를 믿는가(혹은 믿지 않는가)는 유전이 아니라 공유 환경으로 결정된다는 사실을 알 수 있다. 부모가 독실한 기독교도면 자녀도 기독교인이 되지만 친구의 영향으로 무슬림이 되는 일은 없다. 마찬가지로 언어도 환경의 영향을 크게 받는데 이는 아이가 부모의 말을 모방하기 때문이다.

양육을 통해 부모는 자녀에게 언어나 종교를 가르칠 수 있다. 이는 분명한 사실이지만 우리는 이 성공 체험을 확장시켜 양육을 통해 수학을 좋아하게 만들거나 내성적인 성격을 외향적으로 바꿀 수 있다고 믿는다.

하지만 쌍생아 연구 자료는 이러한 양육의 효과에 대해 일관되게 기묘하다고 할 수밖에 없는 결과를 보여준다. 종교와 언어를 제외하면 아무리 면밀히 조사해도 지능과 성격에 대한 공유 환경의 영

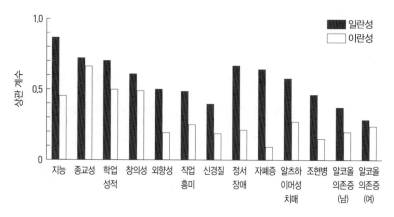

【그림 11-2】 심리적 측면에서 쌍생아의 유사성

*안도 주코의 《마음은 어떻게 유전되는가》를 바탕으로 작성

향이 거의 보이지 않는 것이다.

세계적으로 '같은 아이는 2명 필요 없다'는 이유로 일란성 쌍생아 중 어느 한쪽은 혹은 양쪽 모두가 입양되는 풍습이 있다. 이 경우 동일한 유전자를 가진 아이들이 전혀 다른 환경에서 자라게 된다.

행동유전학자들은 이 상황이 천연의 실험 조건이라는 사실을 깨달았다. 일란성 쌍생아가 서로 빼닮았다고 해도 유전 때문인지 동일한 성장 환경 때문인지는 알 수 없었다. 그러나 한쪽이 다른 가정으로 입양되었다면 환경을 공유하지 않으므로 둘 사이의 유사성은 모두 유전으로 인한 것으로 볼 수 있다. 실제로는 어떨까?

외향성, 협동성, 신경증 경향 등 일란성 쌍생아의 다양한 개인적 성격을, 함께 자란 경우와 따로따로 자란 경우를 대조한 연구가 있다. 그에 따르면 같은 가정에서 자란 쌍생아의 상관 계수 평균은 0.49이고, 다른 가정에서 자란 쌍생아의 평균은 0.5였다. 가정 환경이 성격에 영향을 미친다면 같은 가정에서 자란 쌍생아가 더 많이 닮아야 한다. 하지만 양자 간의 차이는 통계적으로 의미 없는 수준이었고 어느 가정에서 자랐든 일란성 쌍생아의 성격은 모두 닮아 있었다.

성격의 상관 계수가 0.5라는 결과는 '핏줄이 절반, 환경이 절반'이라는 옛말이 옳다고 인정하는 듯하다. 하지만 일란성 쌍생아가 가정 환경에 관계없이 닮았다면 이야기는 달라진다. '핏줄(유전)'이 절반인 것은 틀림없지만 가정 환경, 즉 공유 환경의 영향이 없으므로 남은 절반을 결정할 환경은 비공유 환경이 된다.

더 구체적으로 공유 환경과 비공유 환경의 상관 계수를 살펴보자.

예를 들어 논리적 추론 능력이나 일반 지능에서 공유 환경의 기여도는 제로다. 음악, 미술, 수학, 운동, 지식 같은 재능에서도 마찬가지다. 가정 환경이 아이의 인지 능력에 영향을 미치는 분야는 언어 지능뿐이다. 아이의 언어 지능은 어릴 적부터 주변 사람들, 즉 부모의 말소리를 모방하면서 길러지기 때문이다.

이런 결과는 학습뿐 아니라 성격에서도 마찬가지다. 개인의 성격을 신기성(新奇性) 추구, 손해 회피, 보수 의존, 고집, 자기 지향, 협조, 자기 초월로 분류하고 유전과 환경의 영향을 살펴보면 유전율은 35~50% 정도이고 나머지는 모두 비공유 환경으로 설명할 수 있다. 즉 공유 환경의 기여도는 역시 제로다. 마찬가지로 자폐증이나 ADHD 같은 발달 장애도 공유 환경의 영향은 계측 불가능할 정도로 미미하다. 나아가 남성다움(남성성)이나 여성다움(여성성)과 같은 성역할에도 공유 환경은 아무런 영향을 끼치지 않는다(그림 11-3).

일란성 쌍생아 중 1명을 문화와 종교, 생활 예절이 전혀 다른 외국에 입양 보냈다고 하자. 하지만 쌍생아의 지능과 성격, 정신 질환 같은 '마음'은 가정에서 함께 자란 일란성 쌍생아와 아주 닮아 있다.

이상은 마음에 있어서 유전의 영향이 상당히 크다는 사실을 나타낸다. 이 정도라면 사람들은 떨떠름하게나마 과학적인 사실을 받아들일 것이다. 달리 반론할 방법이 없기 때문이다.

하지만 여기에는 한 가지 더, 우리 사회가 도저히 인정할 수 없는 아주 잔인한 진실이 숨어 있다. 그것은 아이의 인격과 능력, 재능을 형성하는 데 육아가 아무런 상관이 없다는 점이다. 때문에 다른 가정에서 자라도 일란성 쌍생아는 붕어빵처럼 닮았고, 쌍생아 연구에서 공유 환경의 기여도를 거의 찾아볼 수 없는 것이다.

[그림 11-3]은 지금까지 다양한 쌍생아 연구에 바탕으로 두고 인지 능력과 성격, 재능과 같은 마음과 유전의 관계를 정리한 것이다.

유전은 여러 분야에 영향을 미치며 유전율은 음악적 재능 92%부터 언어 지능 14%까지 다양하다. 하지만 더욱 놀라운 것은 대부분의 항목에서 공유 환경의 영향이 제로(측정 불능)이라는 점이다.

가정이 아이의 성격과 사회적 태도, 성역할에 미치는 영향은 거의 없으며 인지 능력과 재능에서는 겨우 언어(부모의 모국어)를 가르칠 수 있는 정도다. 그 밖에 부모의 영향이 나타나는 것은 알코올 의존증과 흡연뿐이다.

학습 능력은 물론, 예의범절의 기본조차 부모가 아이의 인격 형성에 아무런 영향을 미치지 못한다는 사실은 불합리한 이야기임에 틀림없다. 하지만 육아 경험이 있는 사람이라면 조금은 납득할 만도 하다. 아이는 절대 부모 뜻대로는 자라주지 않기 때문이다. 행동 유전학의 방대한 자료는 다음과 같이 주장한다.

"나는 유전과 비공유 환경에 의해 '내'가 된다."

아이가 부모를 닮은 이유는 유전자를 공유하기 때문이다. 아이의 개성과 능력은 육아(가정 환경)가 아니라 아이의 유전자와 비공유 환경의 상호작용으로 만들어진다. 그리고 부모는 이 과정에 거의 영향을 미치지 못한다.

부모는 아이를 기독교인, 무슬림 신자, 불교도로 만들 수 있을지는 모르지만 자신들이 바라는 성격으로 키우거나 필요하다고 생각하는 능력을 갖추도록 기를 수는 없다.

단위: %	유전율	공유 환경	비공유 환경
인지 능력			
학업 성적	55	17	29
논리적 추론 능력	68	–	31
언어 지능	14	58	28
공간 지능	70	–	29
일반 지능	77	–	23
성격			
신경증 경향	46	–	54
외향성	46	–	54
개방성	52	–	48
조화성	36	–	64
성실성	52	–	48
신기성 추구	34	–	66
손해 회피	41	–	59
보수 의존	44	–	56
고집	37	–	63
자기 지향	49	–	51
협조	47	–	53
자기 초월	41	–	59
재능			
음정	80	–	20
음악	92	–	8
미술	56	–	44
집필	83	–	17
외국어	50	23	27
체스	48	–	52
수학	87	–	13
운동	85	–	15
기억	56	–	44
지식	62	–	38

사회적 태도	자존 감정	31	–	69
	일반적 신뢰	36	–	64
	권위주의적 전통주의	33	–	67
성 역할	남성성(남성)	40	–	60
	여성성(남성)	39	–	61
	남성성(여성)	47	–	53
	여성성(여성)	46	–	54
발달 장애	자폐증(부모 평가·남아)	82	–	18
	자폐증(부모 평가·여아)	87	–	13
	ADHD	80	–	20
물질 의존	알코올 의존증	54	14	33
	흡연(남성)	58	24	18
	흡연(여성)	54	25	21

【그림 11-3】 마음과 유전·환경의 관계

*안도 주코의 《유전 마인드》 일부를 발췌해서 작성

그렇다면 아이의 인격을 형성하는 데 결정적인 영향을 미치는 '비공유 환경'이란 도대체 무엇인가? 다음 장에서 알아보자.

부모와 자식,
말할 수 없는 진실

♣ '핏줄이 절반, 배경이 절반'의 진위

주디스 리치 해리스는 재야의 심리학자다. 주디스 리치 해리스가 '재야'인 이유는 하버드 대학교에서 심리학 석사 학위를 취득했지만 박사 과정 진학에 실패하는 바람에 연구자의 길이 끊겼기 때문이다.

게다가 39살 때 자기 면역 질환의 난치병에 걸려 투병 생활을 계속하고 있다. 대부분의 시간을 자택에서 보내며 한 달에 몇 번 집 근처 도서관까지 겨우 걸어서 외출하는 정도다.

하지만 해리스는 연구에 대한 꿈을 포기할 수 없었다. 지병 때문에 심리학 실험을 할 수도, 학회에 참가할 수도 없었지만 주디스 리치 해리스에게는 당시 갓 세상에 태어난 인터넷이라는 지원군이 있었다.

주디스 리치 해리스는 다양한 학술 논문들을 읽고 이메일로 연구자들에게 질문했다. 독자적인 연구를 계속하던 해리스가 관심을 가진 주제는 '비공유 환경'의 수수께끼였다.

여기서 행동유전학의 용어를 다시 한 번 확인하자.

지능과 성격, 행동과 같이 '나'라는 존재를 구성하는 요인에는 유전과 환경이 있다. 유전율은 쌍생아 연구 등을 통해 통계적으로 계측 가능하지만 설명할 수 없는 부분이 바로 환경이다.

한 부모에게서 태어난 형제자매라도 닮은 구석과 그렇지 않은 점이 있다. 그들을 둘러싼 환경에는 서로를 비슷하게 만드는 것과 다르게 만드는 것이 있기 때문이다. 이것을 각각 공유 환경과 비공유 환경이라고 한다.

형제자매의 말투가 비슷한 이유는 유전의 영향과 함께, 같은 가정에서 자랐기 때문이다. 이것이 공유 환경의 영향이며 일반적으로는 양육이라고 한다. 하지만 한 가정에서 자란 일란성 쌍생아라도 완전히 똑같지는 않다. 어떤 아이들이라도 모든 환경을 공유할 수는 없기 때문이다.

인격을 형성하는 과정에서 이 외의 다른 요소는 없다는 의미에서 유전, 공유 환경, 비공유 환경이 나를 만든다. 즉 나에서 유전을 빼면 환경, 환경에서 공유 환경을 제외한 것이 비공유 환경이다.

쌍생아 연구에 따르면 성격의 유전율은 35~50%로 '핏줄이 절반, 배경이 절반'이라는 속담이 대강 맞는 듯하다. 일란성 쌍생아는 동일한 유전자를 가지고 태어나, 한 가정에서 자라므로(유전과 환경을 공유하므로) 상당히 많이 닮았다.

그러나 쌍생아 연구가 계속 진전되면서 큰 벽에 부딪히게 된다. 앞장에서 살펴보았듯이 태어나자마자 문화와 종교, 생활 습관이 전혀 다른 외국으로 입양된 일란성 쌍생아도 같은 가정에서 자란 쌍생아와 마찬가지로 서로 닮은 것이다.

유전율이 50%라면 나머지는 환경에 의해 결정된다는 뜻이다. 가정 환경을 공유하지 않는 쌍생아가 서로 많이 닮은 이유는 '가정 이외의 환경' 때문이라고 생각할 수밖에 없다.

그것은 도대체 무엇인가? 이것이 해리스의 질문이다.[80]

♣ 언어·종교·미각을 둘러싼 유전의 실상

해리스가 흥미를 느낀 것은 유창하게 영어를 사용하는 이민 가정의 아이들이었다. 사실 행동유전학의 관점에서도 이는 기묘한 현상이다. 아이는 부모에게 모국어를 배운다. 그렇기 때문에 언어 지능의 유전율은 다른 지능과 비교해서 대단히 낮고(14%), 공유 환경의 영향은 58%로 상당히 높다. 물론 논리적 추론 능력 같은 다른 지능은 공유 환경의 영향이 전혀 보이지 않는다.

그럼에도 이민 1세대 아이들은 극히 자연스럽게 영어로 말하게 되며, 모국어로 읽기 쓰기는 잊어버린다. 심지어 부모와 이야기할 때도 영어를 쓴다. 이것은 미국만의 현상이 아니다. 일본에 거주하는 한국인 가정을 몇 번 방문한 적이 있는데 자녀가 일본 학교에 다니는 경우 부모가 모국어로 말을 걸어도 아이는 일본어로 대답했다.

아이가 다니는 학교에서 영어(일본어)로 수업하니 당연하지 않은가라고 생각할 수 있다. 하지만 이민 가정의 자녀들은 학교에 다니기 전부터 현지 언어를 말한다. 정말 교육의 영향뿐일까?

언어와 함께 해리스가 주목한 것은 종교다. 미국은 기독교 국가로 프로테스탄트의 이민 자손인 백인뿐 아니라 흑인과 히스패닉도 대부분 기독교인이다. 하지만 이슬람권에서 이민 온 아이들은 대부분 무슬림 신자가 된다. 기독교로 개종하는 일은 거의 없다. 아이는 부모의 종교를 그대로 따르기 때문이다.

해리스는 따로 지적하지 않았지만 미각에 대해서도 같은 이야기를 할 수 있다. 하와이에 사는 친구가 호놀룰루 교외의 정통 일본 요리점(요리사는 모두 일본인)에 데리고 간 적이 있는데, 그 가게는 관광객으로 붐비는 와이키키에서 좀 떨어진 주택가에 있었다. 가

끔 일본 주재원들도 오지만 손님 대부분은 일본계 미국인 2세나 3, 4세라고 한다. 그들은 일본어를 한마디도 못하는데다 사고방식이나 행동도 완전히 미국인이지만, 그래도 '어머니의 손맛'을 찾아 일본 요리점을 찾는다고 한다. 이민 가정의 자녀들은 빠른 속도로 영어를 습득하면서 모국어를 잊어버린다. 그러면서도 종교와 미각은 부모의 영향을 강력하게 받는다. 이 차이는 도대체 무엇 때문일까?

현대진화론은 우리의 마음(의식과 행동)은 진화적 적응 환경[81]에 최적화되었다고 생각한다. 유전적 변이는 상당히 완만한 속도로 진행되므로 현대인의 유전자는 구석기 시대 인류와 크게 다르지 않다. 결국 우리는 유전적으로, 200만 년 이상 이어진 구석기 시대의 환경에 최적화되어 있는 셈이다.

양육의 중요성이 강조되기 시작한 것은 핵가족화가 심화하면서 교육이 미래의 성공을 좌우하게 된 근대 이후부터다. 그전까지 아이들은 대가족 속에서 자랐고 부모는 자녀 교육에 특별히 신경 쓰지 않았다.

해리스는 양육 신화를 과학적 근거가 없는 이데올로기로 치부한다. 갓난아기는 구석기 시대의 진화적 적응 환경에서 살아남기 위한 전략 프로그램을 지니고 태어난다. 부모와 아이만 있는 핵가족에서 자라 유치원이나 보육원에서 유아 교육을 받고, 초등학교, 중고등학교, 대학교까지 계속해서 공부하도록 태어나지 않았다.

인간이 다른 포유류와 가장 큰 차이는 무력한 유아기가 상당히 길다는 점이다. 생후 적어도 1년 동안은 어머니가 집중적으로 돌보지 않으면 살아남지 못한다. 만일 아이가 죽으면 모친은 다음 아이를 얻을 때까지 또다시 10개월이라는 임신 기간을 투자해야 한다.

이처럼 출산까지 막대한 비용을 지불하기 때문에, 어머니는 태어난 아이를 가능한 한 소중히 보살핀다. 진화론적으로는 이것이 어머니가 자식에게 강렬한 애정을 느끼는 이유다.

그런데 수유 기간이 끝나면 또 임신이 가능하므로 계속해서 한 아이에게만 매달릴 수 없다. 어머니의 진화론적 최적 전략은 가능한 한 많은 수의 아이를 낳아 성인으로 길러내는 것이다. 구석기 시대는, 아니 근대 이전까지도 영유아의 사망률이 상당히 높았기 때문에 1명이나 2명의 자녀에게 모든 양육 자원을 투입하는 핵가족형 전략은 있을 수 없었다.

진화적 적응 환경에서 어머니는 새로 태어난 아기에게 손이 많이 가므로 일단 수유가 끝난 아이는 전처럼 신경 쓰지 못한다. 구석기 시대의 생활 환경이 얼마나 가혹했는지는 다양한 설이 있지만 집락촌 주변에서 나무열매를 채집하는 것도 여자의 일이었으므로 육아에 할애할 시간은 상당히 제한적이었을 것이다. 이런 조건을 고려한다면 수유가 끝난 아이는 부모가 돌보지 않아도 살아갈 수 있도록 사전에 프로그램되어 있을 것으로 해리스는 생각했다.

물론 2~3살짜리 아이가 혼자 살아갈 수는 없었을 것이다. 그러나 부모는 갓 태어난 아이를 보살펴야 하므로 누군가 부모를 대신할 사람이 필요하다. 구석기 시대의 사람들은 부족(확대 가족) 집락에서 살았는데 그곳에서 부모를 대신해줄 수 있는 사람은 손위 형제나 연상의 사촌들뿐이었을 것이다.

여자아이들이 인형놀이를 좋아하는 것은 세계 어디를 가도 마찬가지다. 페미니스트들은 이를 남성중심주의 문화가 강제한 결과라고 주장했지만, 해리스는 인형이 갓난아기의 대체물이며 여자아이들은 어린 동생을 돌보는 것을 즐겁게 느낀다고 생각했다. 남자아이는 인형놀이를 하지 않지만 동생들을 귀여워하는 것은 마찬가지다.

이런 진화 프로그램에 적절히 대응하는 프로그램은 보살핌을 받아야 하는 쪽에도 주입되어 있다. 어린아이는 부모 외의 어른들은 무서워하지만 자신보다 나이 많은 아이들은 금방 따른다. 그들이 부모를 대신해 자신을 보살펴주리라(그렇게 프로그램되어 있다)는 사실을 알기 때문이다.

진화적 적응 환경에서 수유가 끝난 아이는 집락촌 한쪽 구석에서 형제자매, 사촌들과 함께 오랜 시간을 보냈을 것이다. 이러한 상황을 현대 이민 가정의 자녀들에게 적용시켜보면 그들이 왜 모국어를 그렇게 쉽게 잊어버리는지 명쾌하게 설명할 수 있다.

부모는 아이가 모국어를 말하든 아니든 식사와 잠자리 같은 최저

한의 생활 환경을 제공해준다. 아이에게 사활이 걸렸다고 할 정도로 중요한 것은 부모와의 대화가 아니라 자신을 보살펴주도록 프로그램되어 있는 연상의 아이들과의 커뮤니케이션이다.

대부분의 우리는 부모와 자녀의 언어가 동일하므로 문제가 없지만 이민가정과 같은 특수 환경에서는 가정 안팎의 언어가 다른 상황이 벌어진다. 그때 이민 가정의 자녀들은 살아남기 위해 주저 없이 부모의 언어를 버리고 아이들 집단의 언어를 선택하는 것이다.

⚓ 자식은 왜 부모의 말을 듣지 않을까?

주디스 리치 해리스는 발달심리학의 방대한 문헌을 자세히 살피고 자신의 육아 경험도 포함해, 아이들에게 '세상'이란 친구들과의 관계라고 생각했다.

연령이나 성별, 인종이 서로 다른 유아들을 한 방에 모아두면 그들은 금방 친해져서 놀기 시작한다. 하지만 아이들의 숫자가 늘어나면 자연스럽게 그룹이 만들어지는데, 대부분 다음과 같은 규칙에 따라 그룹이 형성된다.

① 연령

유아는 자기보다 조금 나이가 많은 아이를 따르고 나이 차이가 많이 나는 아이에게는 가까이 가지 않는다. 나이가 많은 아이도 자기보다 조금 어린 아이와는 함께 놀지만 아주 어린 아이는 무시한다. 이것은 연령에 따라 놀이 방법이 다르기 때문이다. 나이 차가 지나치게 크면 같이 놀아도 재미있지 않기 때문이다.

② 성별

사춘기가 되면 연애 감정과 성욕에 눈을 뜨면서 남녀 관계가 복잡해지지만, 그전까지는 남녀가 각각 나뉘어 서로에 대해 별 흥미를 가지지 않는 것이 보통이다. 이는 성별에 따라 선호하는 놀이나 흥미가 달라서 같이 모여 놀아도 재미가 없기 때문이다.

③ 인종

미국 같은 다민족 사회에서는 아이들 숫자가 늘면 자연스럽게 인종별로 그룹을 짓는다. 그래서 보육원이나 유치원에서는 어른이 개입해서 인종 혼합 그룹을 만들지 않으면 안 된다. 이는 인종 차별의 이데올로기 탓이 아니라 아이들은 '자신과 닮은 아이에게 끌리기' 때문이다. 이러한 성향이 심어진 이유는 자기와 닮은 아이가 형제자매이거나 혈연관계가 가까운 사촌일 가능성이 높다는 것을 생각하면 분명할 것이다. 아이들은 자기와 닮은 아이를 우선적으로 보살피려고 하는 것이다.

진화적 적응 환경에서 아이들은 남녀로 나뉘어 연령별로 그룹을 만들고 연상의 아이가 나이 어린 아이를 보살피면서 부모 역할을 대신한다. 사춘기를 맞이할 때까지는 아이들에게는 이 '친구 세계'가 전부다.

이렇게 생각하면 아이의 성장에서 양육(가정)의 영향이 거의 보이지 않는 이유를 알 수 있다. 친구 세계에서 살아가기 위해 부모의 언어조차 잊어버릴 정도이므로 그 외의 가정의 다른 습관을 모두 버린다고 해도 이상할 것이 없다.

해리스는 '자녀가 부모를 닮는 이유는 유전 때문이며 양육을 통해 아이에게 영향을 미칠 수 없다'고 주장했다. 그렇다면 양육은 아무런 의미가 없다는 말인가? 해리스의 주장에 미국 전역에서 엄청난 논쟁이 벌어진 것도 당연하다.

인간은 사회적인 동물이므로 무리에서 배제되면 살아갈 수 없다. 고금동서, 어떤 사회에서도 조직에서 추방은 사형이나 유배에 버금가는 중벌이었다. 이는 아이들에게도 마찬가지다. 아이들은 친구 세계에서 추방되는 것을 극단적으로 두려워한다.

공부뿐 아니라 놀이나 패션 등에서 친구 세계의 규칙이 자기 집의 훈육 원칙과 충돌할 때, 아이가 부모 말을 듣는 경우는 절대 없다. 부모라면 누구나 이 사실을 괴로워하며 체득했지만 해리스가 처음으로 그 이유를 밝혀냈다. 아이들이 부모에게 반항하는 이유는 그렇게 하지 않으면 친구 세계에서 따돌림을 당하고 '죽기' 때문인 것이다.

부모보다 친구 세계의 규칙을 우선하는 것이 아이의 본성이라면 '자식이 왜 부모 말을 듣지 않는가'라는 질문은 아무런 의미도 없다. 오히려 종교나 입맛처럼 부모 말을 듣는 구석이 남아 있는 것이 이상할 정도다.

해리스는 부모가 영향력을 행사할 수 있는 분야는 친구 관계에서 흥미의 대상이 아닌 것뿐이라고 생각했다. 특수한 경우를 제외하고 아이들은 친구 부모의 종교에 관심이 없다. 마찬가지로 돼지고기나 당근을 안 먹는다고 친구를 따돌리지는 않는다. 그룹의 '규칙'은 음식 취향과는 전혀 상관없기 때문이다.

모든 친구 그룹에는 안(우리)과 밖(그들)의 경계가 있다. 여자아이라면 패션과 화장, 남자아이들은 게임과 운동(혹은 싸움이나 비행)에 대한 암묵적 규칙에 의해 자기편인지 아닌지를 판단한다. 아이는 친구 집단 속에서 그룹의 규칙을 따르며 자신의 역할을 정하고 그룹 내에서 돋보이고자 하는 복잡한 게임을 치른다. 아이의 개성(인격)은 유전적 요소를 바탕으로 친구 관계 속에서 형성되는 것이다.

이렇게 생각하면 비로소 따로 떨어져 자란 일란성 쌍둥이들이 왜 많이 닮았는지 이유를 알 수 있다.

아이는 자신과 닮은 아이에게 끌린다. 일란성 쌍둥이는 동일한 유전자를 지녔으므로 각기 다른 가정에서 자랐어도 비슷한 친구들과 관계를 맺고 같은 역할을 선택했을 가능성이 높다. 유전자와 친구 관계가 같다면 비록 떨어져 자랐어도 상호작용에 의해 서로 닮은 인격이 형성되는 것이 당연하다.

해리스의 '집단 사회화 발달론'은 발달심리학에 큰 충격을 주었지만, 주류 학계는 아직까지도 양육의 중요성을 강조한다. 그 이유는 모든 부모가 자신의 노력은 보상받을 것이라는 '양육 신화'를 원하기 때문이기도 하다. 하지만 해리스가 발견한 아이의 본성만이 각각 다른 가정에서 자란 일란성 쌍생아가 왜 같은 가정에서 자란 것처럼 많이 닮았나라는 의문을 명쾌하게 풀어줄 수 있다.

1998년 해리스는 그동안의 연구를 집대성해서 《양육 가설》을 출판했다. 이 책을 쓰도록 해리스를 독려한 사람은 저명한 진화심리학자이자 언어학자인 스티븐 핑커다. 핑커의 추천사에 힘입어 해리스의 책은 화제가 되었고 높은 평가를 받았다.

이후 해리스는 미국 심리학회상을 수여받고 연구자로서 명예를 회복하게 된다. 그 상은 한때 해리스를 '연구자 실격'이라고 평가했던 하버드 대학교 심리학부장 조지 밀러의 이름으로 수여되었다.

13

유전자와 환경이 낳는
참혹한 진실

앞장에서 미국의 재야 심리학자 주디스 리치 해리스의 집단 사회화 발달론을 소개했다. 해리스는 아이의 개성은 유전적 적성과 친구 관계의 상호작용을 통해 만들어진다고 주장했다.

아이는 누구나 친구 그룹 속에서 돋보이기 위해 자신이 잘하는 것을 하려든다. 운동일 수도 노래나 춤, 혹은 공부일 수도 있지만 그런 재능은 유전의 영향을 강하게 받는다. 오해가 없도록 다시 한 번 강조하지만 이것은 유전결정론이 아니다. 해리스는 아이의 성장에 친구 관계가 결정적인 영향을 미친다고 되풀이 강조했기 때문이다.

복잡계에서는 미미한 초기값의 차이가 결과에 막대한 영향을 미친다. 브라질에서 나비가 날갯짓을 하면 텍사스에서는 허리케인이 분다는 것이 나비 효과인데, 인격을 형성하는 시기에 유전과 환경도 그런 종류의 관계라고 할 수 있다.

야구를 잘하는 아이는 친구 그룹에서 자기보다 훨씬 더 잘하는 아이가 있으면 다른 경기(축구나 테니스)를 좋아하게 된다. 노래를 썩 잘하지 못 하지만 친구들이 늘 칭찬을 해주면 가수의 꿈을 키울 수도 있다. 처음에는 아주 미미한 유전적인 적성의 차이밖에 없었지만, 친구 관계 속에서 그 차이가 증폭되어 아주 우연한 기회에 아이의 인생 경로가 바뀌게 되는 것이다.

♣ 같은 유전자, 다른 인격

어린 자녀를 키우는 부모는 '육아가 아이의 인격을 형성하는 데 거의 영향을 미치지 않는다'는 해리스의 집단 사회화 발달론을 좀처럼 받아들이기 어렵다. 하지만 자신의 어린 시절을 돌아보면 어느 정도는 이해할 수 있지 않을까? 그때는 부모가 하는 잔소리보다 친구와의 약속이 훨씬 더 중요했으니까 말이다.

이 사실을 쉽게 이해할 수 있도록 해리스는 유아기에 각기 다른 가정에 입양된 일란성 쌍생아 자매의 사례를 들었다.

두 사람의 유전자는 완전히 일치하지만 어른이 되었을 때 한 사람은 전문 피아니스트가 되었고 다른 사람은 음표조차 제대로 읽지 못했다. 양어머니 중 한 사람은 집에서 피아노 교실을 운영하는 음악 교사였고 다른 사람은 음악과 전혀 인연이 없었다. 당연한 결과가 아닌가 생각하겠지만 이야기에는 반전이 있었다. 딸을 전문 피아니스트로 길러낸 쪽은 놀랍게도 음악에 대해 문외한인 부모였고, 음표조차 제대로 읽지 못하는 아이는 피아노 교사의 딸이었다. 적어도 한 사람은 피아니스트가 되었으므로 쌍생아는 뛰어난 음악적 재능을 부모로부터 물려받았다는 사실은 분명하다. 가정 환경이나 양육이 아이의 장래를 결정한다면 왜 이런 기묘한 일이 벌어졌을까?

해리스에 의하면 아이들은 자신의 캐릭터(역할)를 친구 집단 속에서 선택한다. 음악과 전혀 인연이 없는 환경에서 자란 아이는 어떤 계기(유치원에 있던 피아노를 우연히 쳐보았다든지)로 자신이 남들과 다른 재능을 가지고 있다는 사실을 깨닫는다. 그 아이는 친구 집단 속에서 자신의 존재를 돋보이려고 한다면 무의식적으로 그 이점을 최대한 살릴 것이다. 음악적 재능 덕분에 그 아이는 친구들에게 주목받고 그 보상으로 더욱 음악을 좋아하게 된다.

반면 피아노 교사의 딸은 주변에 만나는 친구들이 대개 음악과 밀접한 가정의 아이들뿐이므로 피아노를 조금 잘 치는 정도로는 아무도 감탄하지 않는다. 화장이나 패션으로 더 눈에 띌 수 있다면 그 아이가 음악에 관심을 가질 이유는 전혀 없다.

해리스의 집단 사회화 발달론에 따르면 아이는 친구 관계 속에서 자신의 '성격(캐릭터)'을 결정한다. 어느 집단이나 지도자와 익살꾼이 존재하지만 2명의 지도자(익살꾼)가 공존하는 경우는 없다. 캐릭터가 겹치면 한쪽은 양보해야 한다. 그 결과 완전히 동일한 유전자를 가진 쌍생아도 자신이 속한 집단에서 맡은 캐릭터가 다르다면 다른 성격이 형성되고 서로 다른 인생을 걷게 되는 것이다.

♣ 우리와 그들―22명의 소년들

1954년 오클라호마 대학교의 심리학자 무자퍼 셰리프 교수는 집단 관계의 갈등과 해소에 관한 대규모 현장 실험을 실시했다. 일명 '로버스 케이브 실험'으로 불리는 유명한 연구다. 왜 반세기나 지난 옛날 연구를 꺼내는가 하면 그 이후 같은 형태의 현장 실험이 다시 실시되지 않았기 때문이다. 이유는 실험이 지나치게 위험했고 다시 할 필요가 없을 정도로 결과가 명백해서다.

실험에는 11살짜리 백인 소년 22명이 참가했는데, 의도적으로 다양한 면에서 비슷한 수준의 아이들이 선발되었다. 모두 기독교 가정 출신에, 지능도 학업 성적도 평균 혹은 그 이상이었다. 안경을 쓰거나 뚱뚱하거나 문제를 일으킨 적이 없는, 즉 평범한 아이들이었다. 전원이 지역 출신이라 오클라호마 사투리를 쓰지만, 각자 다른 학교에서 선발되어 실험에 참가하기 전까지는 한 번도 만난 적이 없었다.

참가자들은 두 그룹으로 나뉘어 3주간 여름 캠프에서 생활했다. 캠프 지도원들이 사실은 연구원이었고 소년들의 말과 행동을 은밀하게 관찰, 조사했다는 사실만 빼면 지극히 평범한 여름 캠프였다.

소년들 스스로 방울뱀과 독수리라는 이름을 지어 두 그룹으로 나누고, 서로 다른 버스로 이동해 조금 떨어진 캠핑장에 머물렀으므로 처음에는 서로의 존재를 알지 못했다. 당초 계획대로라면 첫 주는 집단 내 행동을 조사하고 둘째 주부터 집단 간 경쟁으로 이행할 예정이었다.

하지만 소년들이 집단 내 인간 관계에 신경을 쓴 것은 처음 며칠 뿐이었다. 우연히 자신들과 비슷한 연령대의 소년들이 놀고 있는 소리를 듣자, 아이들은 '그 녀석들을 물리치는' 일에 몰두했고 끊임없이 직접 만나서 대결하기를 원했다.

마침내 야구 대회에서 양 팀이 처음으로 얼굴을 마주했을 때, 방울뱀 팀은 시합 시작 전에 자신들의 깃발을 야구장에 세우고 야구장 전체가 자신들의 소유라는 사실을 선언했다. 시합은 독수리 팀의 패배로 끝났는데 독수리 팀원은 방울뱀 팀의 깃발을 끌어내리고 불태워버렸다. 캠프 지도원들은 소년들이 난투를 벌이지 않도록 필사적으로 막아야만 했다.

줄다리기 게임에서는 반대로 독수리 팀이 이겼는데 그날 밤 방울뱀 팀은 상대 그룹의 캠핑장을 습격해서 침대를 뒤엎고 모기장을 찢었으며 훔친 1장의 청바지로 자신들의 새로운 깃발을 만들었다. 독수리 팀의 반격은 더 강력해졌다. 곤봉이나 야구방망이를 들고 방울뱀 팀의 캠핑장을 대낮에 습격했고, 숙소로 돌아와서는 다음 습격을 준비하기 위해 양말에 돌멩이를 채우거나 던지기 좋은 작은 돌들을 잔뜩 모았다.

이 실험에서 흥미로운 사실은 양 팀 모두 무의식적으로, 적대시하는 집단과 정반대의 성향으로 행동한 일이다.

두 번째 야구 대회에서 독수리 팀이 승리를 거두자 돌아가는 길에 이번에는 왜 이길 수 있었는지 토론했다. 한 사람이 '시합 전에 하나님께 기도했기 때문'이라고 말했다. 1950년대의 오클라호마다. 그러자 다른 한 아이가 '방울뱀 팀이 진 것은 시합 중에 더러운 욕설을 연발했기 때문'이라고 외쳤다. 이렇게 해서 독수리 팀에서는 욕설이 금지되었다.

22명의 소년들은 모두 보수적인 기독교도의 가정에서 자랐다. 그런 아이들이 2주일도 채 지나지 않아 '욕설하는 그룹'과 '기도하는 그룹'으로 완벽하게 나뉜 것이다.

캠프에서는 누구나 자신이 소속된 집단의 규칙을 따랐다. 두 팀이 서로 적대시할 때 집단 내부의 결속은 더욱 단단해져 따돌림 같은 사건은 전혀 일어나지 않았다.

이 실험 결과는 따로 추가적인 설명이 필요하지 않을 것이다. 인간은 사회적 동물이다. 집단에서 배제되면 혼자 살아갈 수 없으므로, 아이덴티티란 결국 집단에 대한 귀속 의식이다. 나는 '그들'에 대한 '우리'의 일부이므로, 적을 만들어내는 것은 인간이 사람이 되기 위한 조건이라고도 할 수 있다.

인간의 수컷이 조상으로부터 물려받은 유전 프로그램은, 세상을 내부(우리)와 외부(그들)로 나누고 동료 간의 결속을 높여 그들을 제거하고 영토를 빼앗는 일인 것이다.

♣ 흑인 소년이 살아남는 단 하나의 방법

해리스의 집단 사회화 발달론에 따르면 가정 환경보다 아이의 인생에 더 많은 영향을 미치는 것은 학교다. 우리처럼 균질화된 학교 제도에서는 특별히 느낄 수 없지만 미국에서는 인종에 따라 학생들의 행동이나 성적에 큰 차이가 생긴다 .

사람은 무의식적으로 인종에 따라 그룹을 형성한다. 이것이 인종 차별의 원인이 되지만 자기와 닮은 사람에게 끌리는 인간의 본성 때문에 어쩔 도리가 없는 일이기도 하다.

문제는 무의식적으로 집단을 인격화해서 적대 그룹과는 전혀 다른 성격을 가지려는 습성이다.

앞서 살펴본 로버스 케이브 실험에서는 백인 중류층이라는 동일한 사회 계층의 아이들이 우연히 두 집단으로 나뉘었을 뿐인데, 갑자기 정반대의 캐릭터를 만들어냈다. 만일 백인과 흑인이었다면 더 강력한 분리 압력이 작용했으리라는 것은 쉽게 상상할 수 있다.

흑인 아이들의 집단에는 엄연한 규칙이 있다. 하나는 백인과 사귀면 안 된다는 것, 또 하나는 백인 아이가 하는 일을 해서는 안 된다는 것이다. 흑인 아이 집단이 금지하는 것은 백인 아이 집단이 높은 가치를 두는 모든 것으로, 대표적으로는 '열심히 공부해서 좋은 성적을 올리는 일'이다.

백인과 흑인이 함께 다니는 학교에서 학생들의 의식 조사를 하면 백인 아이는 '흑인은 공부 따위 아무래도 좋다고 생각한다'고 답하고, 흑인 아이는 '백인은 공부밖에 모르고 우리와는 다르다'고 생각한다. 이 집단 이미지의 차이가 지적 능력이 높은 흑인 아이의 발목을 잡게 된다.

이 상황을 극적으로 제시한 사례는 뉴욕에서도 치안이 나쁘기로 유명한 사우스 브롱크스에 사는 16살 난 흑인 고등학생 래리 아유

소의 이야기다.

래리는 학교 농구 팀에 들어가고 싶었지만 성적이 나빠서 바람을 이루지 못하고 고등학교를 중퇴하게 되었다. 친구 중 3명은 마약 관련 살인 사건에 얽혀 목숨을 잃었다. 전형적인 범죄자 전락 코스지만 래리는 다행스럽게도 슬럼가 아이를 멀리 떨어진 지역으로 이주시키는 프로그램에 선발되었다.

래리가 전학간 곳은 뉴멕시코 주의 작은 마을에 있는, 중산층 가정의 백인 아이들만 다니는 고등학교였다. 2년 후, 래리는 학교 농구 팀의 에이스가 되었고 성적도 A와 B만 있는 우수한 상태로 대학 진학을 목표로 하고 있었다. 뉴욕에서 온 농구를 좋아하는 지극히 평범한 흑인 소년은 백인밖에 없는 시골 고등학교에서 '우리 팀'의 영웅이 되었고 친구 집단의 특등석에서 자신의 장소를 확보한 것이다. 래리가 인종 차별의 대상이 되지 않았던 이유는 프로 야구나 축구 리그에서 외국인 용병이 인기를 끄는 것과 마찬가지다.

래리가 사우스 브롱크스의 옛 동네를 찾았을 때, 친구들은 래리의 옷차림에 놀랐고 말투가 이상하다고 놀렸다. 래리는 교복 앞단추를 단정히 채우고 중서부 사투리로 말했던 것이다. 왜냐하면 래리가 새로운 친구 집단 속에서 살아남으려면 중류층 백인 아이들과 마찬가지로 행동하는 것 외에는 선택지가 없었다.

아이가 친구 집단 속에서 자기를 형성해간다면 래리처럼 환경이 바뀌었을 때 성격과 행동에 극적인 변화가 일어난다 해도 이상할 것이 없다. 그렇다면 왜 이런 프로그램을 대규모로 실시하지 않는 것인가?

이유는 이미 알 수 있으리라. 래리가 변한 이유는 그 고등학교에서 단 1명의 흑인이었기 때문이다. 만일 여러 명의 흑인 학생이 슬럼가에서 전학 온다면 그 흑인 학생들은 즉시 그룹을 만들어 백인 학생들과 대립했을 것이다. 그때 그 흑인 학생들이 선택할 캐릭터는 중류층 백인 문화와 전혀 다른 것, 즉 '갱스터'다.

♣ 영재 교육의 헛수고와 '멍청하고 귀여운 여자'

해리스는 영재 교육에 대해서도 흥미로운 사례를 들고 있다.

19세기 말 사람들은 어떤 아이든 제대로 훈련하면 천재로 키울 수 있다고 믿었다. 윌리엄 제임스 시디스의 부모는 아들이 조숙하다는 사실을 깨닫고 자녀 교육에 평생을 바치기로 했다. 영재 교육의 효과는 눈부셨다. 윌리엄은 18개월에 이미 문장을 읽었고 6살에 여러 외국어를 구사했으며 초등학교에 입학하자 6개월 만에 공립학교 7학년 과정까지 마치고 졸업했다. 그 후에는 홈스쿨링을 하면서 11살 때 하버드 대학교에 입학하고 그 몇 달 후에는 하버드 수학 클럽에서 '4차원 물체'라는 제목으로 강연을 해서 청중을 놀라게 했다.

신동 그 자체였던 윌리엄의 인생은 이후 나락으로 떨어진다. 16살 때 하버드 학사 학위를 취득하고 대학원을 1년 정도 다니다가 로스쿨에 진학했지만 결국 졸업은 하지 않았다.

성인이 된 윌리엄은 부모와 인연을 끊었고 아버지의 장례식에도 모습을 보이지 않았다. 학문 세계와도 결별하고 머리를 쓸 필요가 없는 싼 월급의 사무직을 전전하다가 46살이라는 나이에 심장발작으로 죽었다. 평생 독신이었고 무일푼이었으며 사회 부적응 상태였다고 한다.

윌리엄의 취미는 노면 전차의 환승 차표 수집이었는데 그 취미에 관한 책을 저술한 것이 유일한 '업적'이었다. 어느 독자는 윌리엄의 책을 '정말이지 출판 역사상 가장 재미없는 책'이라고 평했다.

해리스는 이 사례를 두고 '윌리엄이 놓인 상황은 어머니가 길렀지만 또래 친구와 교류가 없는 채로 성장한 원숭이와 닮았다'고 설명한다. 동료 없이 키워진 원숭이는 이상 행동이 현저하게 나타난다. 마찬가지로 영재 교육을 받은 신동은 유소년기에 친구 관계가 단절되었기 때문에 자기 자신을 제대로 형성하지 못했고, 그대로 어른이 되어 사회에 적응할 수 없었으며, 아깝게도 재능을 제대로 살리지 못하고 불행한 인생을 마친 것이다.

그렇다면 도대체 부모는 자식에게 무엇을 해줄 수 있는가? 그에 대한 해리스의 답은 지극히 간단하다.

'부모는 무력하다'는 말은 틀렸다. 왜냐하면 아이의 인생에 결정적인 영향을 미치는 친구 관계라는 환경을 제공하는 사람은 다름 아닌 부모이기 때문이다.

백인과 흑인 학생이 혼재하는 학교에 다니는 흑인 아이는 '공부하는 녀석은 우리 친구가 아니다'라는 강력한 동조 압력을 받는다. 친구들에게 따돌림을 당하고 싶지 않으면 의식적으로 시험에서 좋은 점수를 받지 않고 갱스터의 몸짓을 익혀야만 한다. 마찬가지로 남녀 공학에 다니는 여학생은 '수학이나 물리를 잘하는 여자아이는 귀엽지 않다'는 무언의 압력에 시달린다. '멍청하고 귀여운 여자애'가 아니면 친구 그룹에 들어가지 못한다는데 수학 공부에 매달리긴 쉽지 않을 것이다.

따라서 부모의 가장 큰 역할은 아이가 가진 재능의 싹을 뽑아버리지 않을 환경을 제공하는 것이라고 해리스는 말한다.

지적 능력을 발휘하려면 좋은 성적이 괴롭힘의 이유가 되지 않는 학교(친구 집단)를 선택해야 한다. 여성 정치가나 과학자 중에 여학교 출신이 많은 이유는 공학과 달리 학교 내에서 '멍청하고 귀여운 여자'를 연기할 필요가 없기 때문이다. 필요하다면 데이트할 때만 그렇게 행동하면 된다. 마찬가지로 예술적 재능을 펼치고 싶다면 좀 색다르다고 해서 웃음거리가 되거나 따돌림을 당하지 않는 환경이 필요할 것이다.

하지만 유명 학교에 아이를 들여보내도 그곳에서 어떤 친구 관계를 선택하고 어떤 역할을 연기할지 부모는 개입할 수 없다. 아이는 무의식중에 자신의 유전적 특성을 최대한 살려서 집단 속에서 돋보이려고 애쓰겠지만 그 또한 아마 우연에 크게 좌우될 것이다. 물론 '양육은 소용없다'는 말이 아니다. 하지만 인생이란 결국 뜻대로 되지 않는 것이 아니던가.

먼저 나쁜 소식부터.

뇌는 좌우 대칭의 장기로 우반구와 좌반구로 나뉘는데 뇌량이 양쪽을 연결한다. 우뇌는 감정을, 좌뇌는 언어와 논리를 주로 담당한다. 아주 특수한 사례지만 중증의 간질 치료를 위해 뇌량을 절단하는 경우가 있다. 뇌 분리술을 받으면 우뇌와 좌뇌는 각기 독립적으로 활동한다. 분리된 뇌를 가진 환자는 좌반구의 시야에서 본 것이 무엇인지 알 수 없다. 언어 중추는 좌뇌에만 있기 때문에 왼쪽 시야를 통해 얻은 정보는 우뇌로 전송될 뿐 (시신경은 좌우로 교차한다) 뇌량을 통해 좌뇌로 보내지 못하기 때문이다.

양손을 통해 얻는 정보의 입력도 마찬가지다. 오른손으로 만진 물체는 그것이 무엇인지 알지만 왼손으로 만진 물체의 이름은 말하지 못한다. 우뇌에 입력된 정보는 어디론가 사라지는 것이다.

하지만 뇌의 놀라운 능력은 이제부터다.

분리뇌 환자의 눈을 가린 상태에서 탁자 위에 놓인 숟가락, 연필, 열쇠 등을 왼손으로 만지게 하면 감촉은 있지만 그 정보는 좌뇌로 전달되지 않기 때문에 무엇인지 알 수 없다. 다음으로 왼쪽 시야에 '숟가락', '연필', '열쇠' 같은 단어를 보여주면 마찬가지로 환자는 자신이 무엇을 보고 있는지 눈치 채지 못한다.

그런데 이 두 작업을 동시에 진행하면서 옳다고 생각하는 조합을 물었더니 어림짐작으로 정답을 맞추었다. 우뇌는 읽지 못한 단어와 이름을 알 수 없는 감촉을 정확히 일치시켰는데 환자는 자신이 무엇을 했는지조차 전혀 의식하지 못했다.

다음 실험에서는 환자의 왼쪽 시야에 '웃으시오'라고 쓰인 종이를 보여주었다.

질문의 의미를 이해하고 말로 대답하는 것은 좌뇌의 역할이다. 뇌량이 절단된 환자는 우뇌에 입력된 '웃으시오'라는 지시를 인식할 수 없다. 그런데 종이의 지시 사항을 본 환자는 웃기 시작했다. 그래서 왜 웃었는지 물었더니 환자는 '선생님의 얼굴이 웃겨서'라고 답했다.

분리뇌 환자는 우뇌와 좌뇌에 두 가지 인격을 가진다. 좌뇌는 뇌 속의 낯선 타인(우뇌)이 하는 일을 의식할 수 없다.

모순되는 인지에 직면한 상태를 '인지 부조화'라고 한다. 이 경우에 '웃었다'는 인지와 웃을 이유가 없다'라는 인지가 모순된다. 이것은 지극히 기분 나쁜 사건으로 의식은 '뇌 속에 2개의 인격이 있다는' 불쾌한 진실을 싫어하므로 '선생님 얼굴이 웃겨서'라는 쾌적한 거짓말을 만들어내는 것이다.[82]

이 실험에서 좌뇌의 역할을 알 수 있다. 그것은 자기정당화, 즉 자신에게 형편이 좋은 거짓말을 지어내는 일이다. 무의식이 날조한 기분 좋은 거짓말은 '의식'이라는 스크린에 투영된다. 결국 의식은 무의식이 만들어낸 환상인 것이다.

상대를 가장 효과적으로 속이는 방법은 스스로 그 거짓말을 믿는 것이다. 컬트 종교의 교주가 신도들을 끌어모으는 이유는 자기 자신이 제일 먼저 세뇌되었기 때문이다. 사회적 동물인 인간은 재주 좋게 거짓말을 지어내기 위해 지성을 극단적으로 발달시키고 결국 고도의 자기기만 능력을 갖추게 된 것이다.[83]

이상이 현대 진화론의 표준적인 설명이지만 만일 이것이 옳다고 한다면 폭력이나 전쟁을 없애기 위해 이성과 계몽에 의존한들 소용이 없을 것이다. 자기기만은 무의식의 기능이므로 의식으로 교정할 수 없고 타인이 기만을 지적하면 할수록 단단해져간다. 이것이 교육을 통해 IS 테러리스트를 갱생시킬 수 없는 이유일 것이다.

자기기만이 다루기 까다로운 이유는 지성이 높은 사람일수록 이 덫에서 도망갈 수 없기 때문이다. 왜냐하면 그 복 받은 재능을 한껏 구사해서 현실을 부정하고 자신을 속이는 더 교묘한 거짓말을 무의식적으로 만들어내기 때문이다. 히틀러나 스탈린, 레닌이나 마오쩌 둥 같은 현대사에 터무니없는 거대 재앙을 불러온 이들은 모두 지극히 '현명한' 사람들이었다.

자, 이번에는 좋은 소식이다.

일본에서는 치안 악화가 사회 문제로 대두되고 있지만 형사 범죄자 수는 전후 가장 낮은 수준까지 떨어졌다(2015). 일본 사회는 점점 더 안전해지고 있는 것이다. 많은 이들이 좋았던 옛 시절로 떠올리는 쇼와 30년대에는 인구당 살인 사건이 지금의 2~3배에 달했고 잔인한 소년 범죄도 많았다. 상식과 달리 근래 청년층 범죄는 현저하게 감소하는 추세로 세대별로 보면 오히려 고령층의 범죄율이 급증하고 있다.

사실 이러한 현상은 세계적인 추세다. 치안 악화를 염려하는 선진국 대부분에서 범죄는 큰 폭으로 줄고 있다. IS의 테러가 크게 문제시되는 이유는 그 잔인한 행동 때문이기도 하지만 좀 더 중요한 이유는 테러 이외에는 이렇다 할 위험이 없기 때문이기도 하다.

현대사를 돌아보면 두 차례의 세계 대전과 러시아 혁명, 중국의 문화대혁명, 폴포트 대학살, 구 유고슬라비아 내전 같은 처참한 사건이 이어진 20세기에 비해, 냉전 종식 후로는 국가에 의한 대량살상이 대폭 줄어든 것은 분명하다. 아프리카나 중동에 문제가 집중

되는 것은 그 이외의 장소(아시아 중남미)에서 전쟁이나 혁명, 폭력적인 쿠데타가 발생하지 않기 때문이기도 하다.

이러한 현실은 인간의 이성이 그래도 도움이 된다는 사실을 나타낸다. 의식의 본질이 자기기만이라고 해도 인류는 수없이 비참한 경험을 통해 평화와 번영으로 우리를 이끌 수 있도록 이성을 활용해 왔다.

그렇다면 무턱대고 미래를 비관할 것은 없다. 이상주의자들이 꿈꾸던 유토피아는 실현되지 않겠지만 그런대로 풍요롭고 살기 편한 세상이라면 충분히 기대해볼 만하다.[84]

그런 세상을 만들기 위해서라도 우리의 인지=지성이 진화의 힘에 의해 어떻게 편향되어 있는지 제대로 알아야 한다. 현대 진화론이 들이미는 불쾌한 진실은 뒤틀린 이성을 폭주시키지 않기 위한 안전장치인 셈이다.

2015년 1월 7일, 프랑스의 풍자 주간지 《샤를리 엡도》의 편집부가 이슬람 과격파의 무장 집단에게 습격을 받아 편집부 직원과 경관 등 모두 12명이 희생되었다. 이 사건에 일본을 대표하는 어떤 신문사는 '테러는 언어도단이지만 저급한 풍자화를 실은 쪽도 문제'라면서 '남이 싫어하는 일을 할 수 있는 표현의 자유는 없다'고 선언했다.

이 책의 기획을 구상한 이유는 이 놀랄 만한 주장을 보고 나서다. 아무도 불쾌하게 만들지 않는 표현의 자유라면 북한에도 분명 있을 것이다. 헌법에 표현의 자유가 정해져 있는 이유는 과거 언론 탄압에 대한 반성이겠지만 우리 사회 일부의 생각은 달랐던 듯하다.

마지막으로 나는 불쾌한 이야기이기 때문에 더 알려야 할 가치가 있다고 생각한다. 아름다운 미담만 늘어놓는 사람은 세상에 얼마든지 있으니 말이다.

2016년 3월

다치바나 아키라

◆ 주석 및 참고문헌 ◆

1 안도 주코(安藤寿康), 《유전 마인드(遺伝マインド)》, 유희카쿠(有斐閣), 2011. ①

2 Kerry·L. Jang, The Behavioral Genetics Of Psychopathology(A Clinical Guide), Lawrence Erlbaum Assoc Inc, 2005.

3 안도 주코(安藤寿康), 《마음은 어떻게 유전되는가(心はどのように遺伝するか)》, 고단샤(講談社) 블루박스, 2000. ②

4 Barbara Oakley, Evil Genes: Why Rome Fell, Hitler Rose, Enron Failed, and My Sister Stole My Mother's Boyfriend, Prometheus Books, 2007.
   역주: 바버라 오클리, 《나쁜 유전자―왜 사악한 사람들이 존재하며, 왜 그들은 성공하는가》, 살림, 2008.
   해당 조사는 에씨 바이딩(Essi Viding) 등이 2005년 발표한 논문에 의한 것이다. "7세 아동의 사이코패시에 대한 실질적인 유전 위험 증거(Evidence for substantial genetic risk for psychopathy in 7-year-olds)", Journal of Child Psychology and Psychiatry 46(6): 592-597.

5 안도 주코, 《유전과 환경의 심리학(遺伝と環境の心理学)》, 바이후칸(培風館), 2014. ③

6 Adrian Raine, The Anatomy of Violence: The Biological Roots of Crime, Pantheon, 2013.
   역주: 에이드리언 레인, 《폭력의 해부: 어떤 사람은 범죄자로 태어난다》, 흐름출판, 2015, pp.76~86.

7 역주: Mednick, S. A., Gabrielli, W. F. and Hutchings, B. 1984. Genetic

influences incriminal convictions: evidence from an adoption cohort. Science 224: 891-4.

8 David C. Rowe, Biology and crime, Oxford University Press, 2001.

9 역주: 빈 서판(Blank slate)은 사람은 아무것도 쓰이지 않은 백지상태로 태어나 경험과 교육을 받으며 본성과 지식을 형성해간다는 학설. 라틴어로는 타블로 라사(Tabula rasa). 이 사상에 반대론을 펼친 진화심리학자 스티븐 핑커의 동명 서적으로도 유명하다.

10 Arthur Jensen, Genetics and education, London: Methuen, 1972.
   해당 논문: Arthur Jensen, How Much Can We Boost IQ and Scholastic Achievement?, Harvard Educational Review 39(1): 1-123, 1969.

11 Richard J. Herrinstein, Charles Murray, The Bell curve: Intelligence and Class Structure in American Life, Free Press Paperbacks, 1994/1996.

12 레인, 앞의 책.

13 젠슨, 앞의 책.

14 역주: 평균으로의 회귀(regression toward the mean)는 다수의 자료를 바탕으로 결과를 예측할 때 그 결과값이 평균에 가까워지려는 경향성을 말한다.

15 Gregory Cochran, Henry Harpending, The 10,000 Year Explosion: How Civilization Accelerated Human Evolution, BASICBOOKS, 2009.
   역주: 그레고리 코크란, 헨리 하펜딩, 《1만 년의 폭발》, 글항아리, 2010.

16 역주: 이 유전자는 하나만 있으면 말라리아에 대한 저항력이 강하지만, 2개 있는 사람은 심각한 빈혈에 시달린다. 말라리아로 인한 사망률이 높은 아프리카에서는 변이유전자를 가진 사람이 빈혈에는 시달리더라도 말라리아에 걸려 죽을 가능성은 높지 않다. 이 변이유전자는 양날의 검인 셈이다.

17 역주: 국제학업성취도평가(PISA, Programme for International Student Assessment)는 OECD가 만 15세 이상 학생을 대상으로 각국의 학업 성취도를 비교 평가하는 시험으로 3년마다 실시한다.

18 사이토 나루야(斎藤成也), 《DNA로 본 일본인(DNAから見た日本人)》, 지쿠마

신서(ちくま親書), 2015.

19 역주: 세로토닌 전달 유전자에 대해서는 테리 번햄(Terry Burnham), 제이 펠런(Jay Phelan), 《비열한 유전자(Mean genes: from sex to money to food, taming our primal instinct)》(너와나미디어, 2003)를 참조하기 바란다.

최신 연구 성과는 엘렌 폭스(Elaine Fox), 《즐거운 뇌 우울한 뇌: 최신 심리학이 밝혀낸 낙관과 비관의 비밀(Rainy Brain, Sunny Brain)》(알에이치코리아, 2013)을 참조하기 바란다.

20 유아 교육은 일시적으로 IQ를 올리지만 그 효과는 결국 사라진다. 이는 지능에 미치는 유전의 영향이 성장과 함께 증가하기 때문이다. 염색체의 염기 배열 자체는 변하지 않지만 어떤 유전자가 언제 어떻게 발현하느냐는 환경에 따라 다르다. 유전 요인이 시간의 경과와 함께 변하는 것을 후성 유전(Epigenetics, DNA의 후성적 변화)이라고 한다. 나카노 도루(仲野徹), 《에피제네틱스: 새로운 생명상을 그리다(エピジェネティクス: 新しい生命像をえがく)》이와나미 신서(岩波新書), 2014.

지능에 대해 유전이 후성적으로 더 큰 영향력을 미치는 것도 후성유전의 효과로 생각된다. 안도, 앞의 책 ③.

21 Charles Murray, Coming Apart: The state of white America, 1960−2010, Crown Forum, 2012.

22 미국 '엘리트주의 스노브'의 생태는 David Brooks, Bobos in Paradise: The New Upper Class and How They Got There, 2000.

역주: 데이비드 브룩스, 《보보스, 디지털시대의 엘리트》, 동방미디어, 2001.
여기서 말하는 보보스(Bobos)란 '부르주아 보헤미안(Bourgeois Bohemian)의 약어이다.

23 Robert David Putnam, Bowling alone: the collapse and revival of American community, Touchstone Books by Simon & Schuster; 1st edition, 2001.

역주: 로버트 퍼트넘, 《나 홀로 볼링: 사회적 커뮤니티의 붕괴와 소생》, 페이퍼

로드, 2009.

24 Alexis de Tocqueville, De la democratie en Amerique, 1835.
　　역주: 알렉시스 드 토크빌, 《미국의 민주주의》 한길사, 2002.

25 역주: IPUMS(Integrated Public Use Microdata Series)는 미국 미네소타 대학교
　　인구센터가 운영하는 인구센서스 마이크로 자료 제공 프로그램이다.

26 스즈키 다이스케(鈴木大介), 《최빈곤여자(最貧困女子)》, 겐토샤신서(幻冬舍新
　　書), 2014.

27 나카무라 아쓰히코(中村淳彦), 《일본의 직업여성(日本の風俗嬢)》, 신초신서(新
　　潮新書) 58, 2014.

28 레인, 앞의 책.

29 Richard Wrangham, Dale Peterson, Demonic Males: Apes and the
　　Origins of Human Violence, MarinerBooks.
　　역주: 리처드 랭햄, 《악마 같은 남성》, 사이언스북스, 1998.

30 Martin Daly, Margo Wilson, Homicide: Foundations of Human
　　Behavior, Aldine Transaction, 1988.
　　역주: 마틴 데일리, 마고 윌슨, 《살인－살인에 대한 최초의 진화심리학적 접
　　근》, 어마마마, 2015.
　　이 책 '4장 현대 서구사회의 자식 살해'에 마틴 데일리와 마고 윌슨이 1974년
　　부터 1983년까지 10년 동안 캐나다 경찰국에 알려진 살인 사건에 관해 집계
　　한 자료가 나온다. 이후 캐나다 관련 범죄 기록은 모두 이 내용에 따른다.

31 데일리, 앞의 책.

32 Robert Trivers, Social Evolution, Benjamin/Cummings, 1985.

33 데일리 외, 앞의 책.

34 Randy Thornhill, Craig T. Palmer, A Natural History of Rape: Biological
　　Bases of Sexual Coercion, Bradford Book, 2000.
　　역주: 이 책에서 저자들은 남성의 강간에 대해 서로 다른 가설을 지지하는
　　데, 한쪽은 적응가설(adaptation), 즉 생식 전략으로 강간이 진화되었다는 가

설을, 다른 한쪽은 부산물 가설(by-product), 즉 다른 심리적 진화의 부산물이라는 가설을 지지하고 있다.

35 랭햄 외, 앞의 책.

36 역주: 성 선택(Sexual selection)은 동물이 생식할 때, 짝을 얻는 데 적당한 형질만이 자손에게 남아서 진화에 관여한다고 주장하는 학설이다. 영국의 생물학자 다윈이 주창하였다.

37 레인, 앞의 책.

38 데일리 외, 앞의 책

39 Nick Powdthavee, The Happiness Equation The Surprising Economics of Our Most Valuable Asset, Consortium Book Sales & Dist, 2011.

40 레인, 앞의 책.

41 역주: 종단 연구(longitudinal study)는 동일한 대상을 장기간 추적 조사하는 연구이다.

42 레인, 앞의 책.

43 David C. Rowe, 앞의 책.

44 이하의 설명은 레인의 《폭력의 해부》에 따른다. 이 프로그램은 최초로 범죄를 생물학적으로 연구한 19세기 말 이탈리아인 의사 체사레 롬브로소(Cesare Lombroso, 1835~1909)의 이름을 딴 것으로 '살인에 대한 법적 공격 태세: 범죄자 선별을 위한 뇌 연구 작전'의 생략 표현이다.

45 LP-V는 Lombroso Positive-Violence의 약어이다. 마찬가지로 LP-S는 Sex, LP-H는 Homicide(살인), 뒤에 나오는 LP-P는 Partial(부분 양성)을 의미한다.

46 역주: IPP(Imprisonment for public protection) 관련법은 2003년에 제정되었고 2012년 폐지되었다. 하지만 소급 적용이 되지 않아 2012년 이전에 수감된 사람들은 아직도 수용되어 있어 사회적으로 논란이 되고 있다.

47 역주: 2000년 시작된 DSPD(Dangerous and severe personality disorder) 프로그램은 2013년 폐지되었으며 관련 시설들은 현재 범죄자를 대상으로 한 OPDP(Offender Personality disorder pathway) 프로그램에 이용되고 있다.

48 레인, 앞의 책.

49 레인, 앞의 책.

50 Matthew Hertenstein, The tell: the little clues that reveal big truths about who we are, BASIC BOOKS, 2014.
역주: 매튜 헤르텐슈타인, 《스냅, 상대의 미래를 간파하는 힘》, 비즈니스북스, 2014. 이하 자료도 모두 동일하다.

51 John T. Manning, The Finger Book, Faber & Faber, 2008.
역주: 존 매닝, 《핑거북, 나를 말하는 손가락》, 고즈윈, 2009.

52 Daniel S. Hamermesh, BEAUTY PAYS; Why attractive people are more successful, Princeton University Press, 2011.
역주: 대니얼 해머메시, 《미인경제학: 아름다운 사람이 더 성공하는 이유》, 동녘사이언스, 2012.

53 Naomi Wolf, The Beauty Myth: How Images of Female Beauty Are Used Against Women, William Morrow & Co, 1991.

54 헤르텐슈타인, 앞의 책.

55 역주: 생존자 편향(Survivorship bias)은 실패 사례를 누락하고 일부 성공 사례에만 주목해 잘못된 판단을 내리는 경향을 말한다.

56 울프, 앞의 책.

57 Leonard Sax, Why Gender Matters: What Parents and Teachers Need to Know about the Emerging Science of Sex Differences, Doubleday Publishing, 2005.
역주: 레너드 삭스, 《남자아이, 여자아이: 유치원생에서 고등학생까지, 부모와 교사들이 꼭 알아야 할 성별 차이와 효과적인 교육법》, 아침이슬, 2007.

58 삭스, 앞의 책.

59 Doreen Kimura, Sex and Cognition, MIT Press, 1999.

60 Simon Baron-Cohen,The Essential Difference, Perseus, 2003.
역주: 사이먼 배런코언, 《그 남자의 뇌, 그 여자의 뇌》, 바다출판사, 2007.

61 Lionel Tiger, Joseph Shepher, Women in the kibbutz, Harcourt Brace Jovanovich; 1st edition. 1975.

62 Susan Pinker, The Sexual Paradox, 2008.
　　역주: 수전 핑커, 《성의 패러독스》, 숲속여우비, 2011.

63 Katty Kay, Claire Shipman, The Confidence Code, HarperBusiness, 2014.
　　역주: 케티 케이, 클레어 시프먼, 《나는 오늘부터 나를 믿기로 했다》, 위너스북, 2014.

64 삭스, 앞의 책

65 John H. Cartwright, Evolutionary explanations of human behaviour, Routledge, 2003.

66 Richard Dawkins, The Selfish Gene, Oxford: Oxford University Press, 1976.
　　역주: 리처드 도킨스, 《이기적 유전자》, 을유문화사, 2010.

67 Robert Trivers, 앞의 책.

68 역주: 매번 새로운 암탉과 정력적으로 짝 짓기를 하는 수탉을 보고 대통령과 부인이 나눈 대화에서 유래한다.

69 Robin Baker, Sperm Wars: Infidelity, Sexual Conflict, And Other Bedroom Battles, Thunder's Mouth Press, 2006.
　　역주: 로빈 베이커, 《정자 전쟁》 (개정판), 이학사, 2007.

70 Marina Adshade, Dollars and Sex: How Economics Influences Sex and Love, Chronicle Books, 2013.
　　역주: 마리나 애드셰이드, 《달러와 섹스—섹스와 연애의 경제학》, 생각의 힘, 2013.

71 애드셰이드, 앞의 책.
　　역주: 이 연구는 그린우드와 거너의 아래 연구 결과에 근거한다. Jeremy Greenwood, Nezih Guner, Social Change: The Sexual Revolution,

International Economic Review 51, no.4(2010): 893-923.

72 애드셰이드, 앞의 책.

역주: 이 연구는 경제학자 디사이먼의 논문에 근거한다. Jeffrey DeSimone, Binge Drinking and Risky Sex among College Students, National Bureau of Economic Research Working Paper no. 15953, 2010.

73 Christopher Ryan, Cacilda Jethá, Sex at dawn: The Prehistoric Origins of Modern Sexuality, Harper, 2010.

역주: 크리스토퍼 라이언, 《왜 결혼과 섹스는 충돌할까 현대 성생활의 기원과 위험한 진실》, 행복포럼, 2011.

74 Jonathan Margolis, The Intimate History of the Orgasm, 2004.

75 Rachel Maines, The Technology of Orgasm: "Hysteria", the Vibrator, and Women's Sexual Satisfaction. Baltimore: The Johns Hopkins University Press, 1999.

76 Frans De Waal, Chimpanzee Politics, Power and Sex Among Apes, Johns Hopkins University Press, 1982.

역주: 프란스 드 발, 《침팬지 폴리틱스》, 바다출판사, 2004.

77 안도, 앞의 책 ②.

78 안도, 앞의 책 ②.

79 [그림 11-1]을 보면 간질이나 류머티즘 관절염은 이란성 쌍생아보다 일란성 쌍생아가 훨씬 더 많이 닮았다. 이는 우성 유전자와 열성 유전자의 조합으로 질병 증상이 나타나는 경우가 있기 때문이다. 대립 유전자 사이에 우성과 열성의 차이가 있는 경우, 우성 유전자가 하나 있으면 다른 한 편의 유전자가 열성이라도 우성이 나타내는 형질이 발현한다. 일란성 쌍생아는 모든 유전자 쌍이 동일하지만 이란성 쌍생아는 2개의 유전자가 동일할 확률은 25%로 유사성은 일란성 쌍생아의 절반 이하가 된다.

우성이나 열성의 차이가 없어도 복수의 유전자가 조합되어 어떠한 형질이나 증상이 발현하는 일이 있다. 이런 경우 (이란성에서는 같은 조합이 될 가능성이 낮아지기 때문에) 일란성이 훨씬 더 많이 닮게 된다. 이를 유전자의 누적 효과(accumulative effect)라고 한다.

80 이하 내용은 Judith Rich Harris, The Nurture Assumption(The Free Press, 1988)에서 발췌했다.

81 역주: 진화적 적응 환경(EEA, Environment fo Evolutionary Adaptedness)은 특정 환경에서 생명체가 생존하고 번식할 수 있는 능력을 향상시키는 유전적 특징을 말한다.

82 Michael S. Gazzaniga, The integrated mind, KluwerAcademicPub, 2007.

83 David Livingstone Smith, Why We Lie, St. Martin's Press, 200.
역주: 데이비드 리빙스턴 스미스, 《거짓말쟁이는 행복하다》, 부글북스, 2007.

84 Steven Pinker, The Better Angels of Our Nature: Why Violence Has Declined, Viking Books, 2011(스티븐 핑커(2014)《우리 본성의 선한 천사 인간은 폭력성과 어떻게 싸워 왔는가》 사이언스북스) 참조. 그는 이 책에서 폭력을 감소시킨 다섯 가지 역사적 힘으로 리바이어던(국가와 사법제도), 상업, 여성화, 세계화, 이성의 에스컬레이터를 들었다.

알아서는 안되는
너무 잔혹한 진실

초판 1쇄 인쇄 | 2017년 2월 20일
초판 1쇄 발행 | 2017년 2월 24일

지은이 | 다치바나 아키라
옮긴이 | 박선영

펴낸곳 | 레드스톤(주식회사 인터파크씨엔이)
출판등록 | 2015년 3월 19일 제 2015-000080호
주소 | 경기도 고양시 일산동구 호수로 672 대우메종리브르 611호
전화 | 070-7569-1490
팩스 | 02-6455-0285
이메일 | redstonekorea@gmail.com

ISBN 979-11-957935-9-4 03300

- 값은 뒤표지에 있습니다.
- 파본은 구입하신 서점에서 교환해드립니다.